SHODENSHA SHINSHO

お殿様、外交官になる

――明治政府のサプライズ人事

熊田忠雄

祥伝社新書

はじめに

筑波山麓《つくばさんろく》に住む友人をドライブがてらに訪ねた帰りのことである。往路とは別のルートで東京へ戻ろうと、筑波山の西麓を北へ向かって進み、桜川市《さくらがわ》（茨城県）真壁《まかべ》という町にさしかかった時、いきなり前方に大きな二体の立像が現われた。一体ならともかく、二体並んだ像というのは珍しいと思い、車を停《と》め、近寄ってみると、それは夫婦《めおと》の石像で、台座のプレートには、正面向かって左側の衣冠束帯《いかんそくたい》姿が「侯爵浅野長勲公」、右側の十二単《じゅうにひとえ》姿が「浅野綱子尊夫人」と、それぞれ刻まれていた。

わたしは不勉強ながら「浅野長勲」とはいかなる人物なのかを知らなかった。当然、彼と妻の石像がここに置かれている理由も分からなかったので、町なかにある「真壁伝承館」という郷土資料館に立ち寄り、尋ねてみることにした。館員の女性に来意を告げると、彼女は手際よくこの地と浅野《あさの》家の関わりについて記された文書をコピーしてくれた。

それによると、真壁は慶長《けいちょう》十一年（一六〇六）、浅野家の始祖長政《ながまさ》が徳川家康《とくがわいえやす》から隠居料として真壁・筑波一帯を拝領し、真壁藩五万石が誕生した地であること。

長勲は「ながこと」と読み、安芸《あき》広島藩四十二万石の最後の藩主で、江戸、明治、大正、昭和の四代を生き、九十六歳で没したこと。

彼は生前先祖ゆかりの真壁のことを気に留め、町の振興にさまざまな支援の手を差し伸べたということ。

また石像については、当地にある浅野家の菩提寺《ぼだいじ》の住職が、長政夫人末《まつ》津姫の三百年遠忌《おんき》にあたる大正四年（一九一五）、何か記念になるものを残したいと考え、同家の当主だった長勲と夫人綱子《つなこ》の夫婦像建設を町民に呼びかけ、完成させたということなどが分かった。

さらに、江戸三百藩の最後の藩主の中で飛び抜けて長寿を重ねた長勲の生涯をたどってみると、青年時代は倒幕運動に関わり、明治初年に藩主の座を降りると、事業を起こしたり、政治活動に携《たずさ》わったり、さまざまな官職に就《つ》くなどしたが、その中に思わず「えっ？」と、わが目を疑う経歴が一つあった。

それは彼が明治十五年（一八八二）、イタリア公使に任じられたというものである。

「ちょっと待てよ」――、長勲はそのわずか十年ほど前まで、広島藩という一国一城の主《あるじ》として、多くの家臣や領民にかしずかれ、意のままに藩政を牛耳《ぎゅうじ》り、何一つ不自由のない暮らしを送る「お殿様」だったはずである。そんな一地方の封建領主が、洋行や外交実務の経験もないまま、よくぞ短期間のうちに一国を代表する外交使節に転身し、国際社会の大舞台に立てたものと驚きを禁じ得《え》ず、その経緯を詳しく知りたいと思った。

そこで東京・港《みなと》区麻布台《あざぶだい》の外務省外交史料館へ出向き、明治中頃までに海外へ派遣された外交使節の顔ぶれを調べてみると、新政府樹立に中心的役割を果たした薩長《さっちょう》出身の元藩士らに交じり、浅野長勲など元大名から外交官に転じて海外公使を務《つと》めた者が全部で五人いることが分かった。このほか旧公家《くげ》や戊辰《ぼしん》戦争で最後まで官軍側に武力抵抗した旧幕臣の中からも海外公使に任じられる者がいた。

明治新政府は果たしてどんな基準で、これら外交経験もない「素人《しろうと》」を外交使節に仕立てて外国へ送り込んだのであろうか。彼らでも十分、その任に耐え得ると判断した根拠とは何だったのか。同時に本人たちが海外公使を打診された時、どんなことを思い、受け入れたのだろうか。疑問を解くべく、あれこれ文献史料にあたっていたところ、たまたま手にとった一冊の中に興味深い記述を見つけた。


「鎖国攘夷《じょうい》の間にあって大名生活の中に育ち、外国の智識は少しも持ち合わせて居《い》ない彼等が、遣外使臣［外交使節］となって、外交の衝《しょう》に当るというのは変なことであるが、当時は国際関係も現今のように複雑でなく、随《したが》って公使といっても単に名目のみで格別面倒な仕事はなかった。ただ員《いん》に備《そな》わって、差し向けられた先で、遊んで居ればそれで役目が勤まった。だから政府でも、人物の有能無能は第二として、金のありそうな旧大名を選んだ訳である」（山口愛川《やまぐちあいせん》著『横から見た華族物語』）

思わず吹き出してしまいそうな指摘だが、「能力」ではなく、「カネ」のありなしを基準にして、海外へ送り込む人物を決めたとまで言われれば、当の元お殿様たちも面目《めんぼく》丸つぶれだろう。山口の指摘にうなずける部分がなしとはしないが、彼らが遣外使臣に登用されたのはそれだけの理由ではあるまい。個別の選考理由があったはずである。

本書では近代国家への歩みを始めた日本が欧米諸国へ派遣した初期の外交官のうち、旧大名をはじめ旧公家、旧幕臣など「外部からの飛び入り組」七人を取り上げ、彼らとは、どんな人物で、いかなる経緯で抜擢《ばってき》され、任地でどんな活動をしたのか、外交官としての資質や外交的成果はあったのかなどを検証する。

また外交官は通例、任地へ妻を同伴する。大名の場合、正室は同じ大名家か、公家の娘というケースがほとんどであるから、彼女らも箱入りの「お姫様」だった。国内ですら遠出した経験などない彼女らが、いきなり夫に従って言語、文化、生活慣習の異なる国へ行き、公使夫人という立場で相手国の人たちと友好親善に努めなくてはならないのである。

この旧支配層出身の「お殿様」「お姫様」カップルは未知なる世界に身を投じるに際して、過去の栄光や因習と決別し、新しい環境に適応するため、人知れぬ「転身努力」を重ねたことであろう。そんな夫婦の苦労の軌跡もあわせて紹介する。

本書で引用した史料については、原文による紹介を原則とし、そのままでは理解しにくいと思われる部分もあるため、筆者の責任で、カッコ［　］内に現代語訳や適宜《てきぎ》注釈を加えたり、要約した語句を挿入した。また旧字を現代字に、カタカナを平仮名に替え、句読点やルビを付したことをお断りしておく。

また、本文内で用いた書物の著訳者や登場人物の敬称は煩雑《はんざつ》さを避けるため、省略した。

執筆にあたり、国立国会図書館をはじめ各地の図書館、博物館、郷土資料館、研究機関所蔵の貴重な文献資料を利用させていただいたほか、多くの先達諸氏から懇切《こんせつ》なご指導、ご助言をいただいた。この場を借りて深甚《しんじん》なる謝意を表したい。

平成二十九年十一月

熊田忠雄《くまだただお》

目次

2章

浅野長勲《あさののながこと》　63

洋行経験なく、外交官生活も二年で終了

4章　蜂須賀茂韶《はちすかもちあき》　妾《めかけ》を同伴で海外赴任を敢行

5章　岡部長職《おかべながもと》　157

高い能力で明治の世をみごとに渡る

6章　柳原前光《やなぎわらさきみつ》　179

権力者におもねらず、ライバルに水をあけられる

7章 榎本武揚《えのもとたけあき》 203

朝敵から一転、引く手あまたの「使える男」

序章　ツルの一声

薩長《さっちょう》にあらずんば

幕末、徳川幕府が欧米諸国と結んだ条約によって、相手国から日本へ外交使節（外交官）が送り込まれてきたが、わが国は先方へ派遣せず、しばらく変則的な対外関係が続いた。そこで近代国家をめざす明治新政府は外交使節派遣に向けて官制の整備に着手し、明治三年（一八七〇）に、その骨格を定めた。

それによると、当時外交使節の最高位である全権公使は「大弁務使《だいべんむし》」、弁理《べんり》公使は「中弁務使」、代理公使は「少弁務使」と呼ばれた。その後「大中少」の弁務使はそれぞれ特命全権公使、弁理公使、代理公使と改められ、さらに日露戦争後の同三八年（一九〇五）、欧米主要国の公使館が大使館に昇格したのに伴《とも》ない、公使の上に特命全権大使が誕生し、以来今日まで大使は外交使節のトップに位置づけられてきた。

明治初期の外交官（当時は「交際官」）は特別な資格試験もなく、ほとんどが新政府樹立に中心的役割を果たした藩の出身者から登用された。たとえば明治三年、わが国初の海外駐在外交代表としてイギリス・フランス・プロイセン三国兼任の少弁務使（代理公使）に任じられた鮫島尚信《さめしまなおのぶ》、アメリカ駐在の少弁務使森有礼《もりありのり》、同五年イギリス駐在となった大弁務使（特命全権公使）寺島宗則《てらしまむねのり》の三人はいずれも旧薩摩《さつま》藩士で、幕末に国禁を冒してイギリスへ密航留学した者たちである。

　また、寺島の後任の駐英公使も上野景範《うえのかげのり》、森有礼と三代目まで薩摩藩出身者が占め、そのあと四代の河瀬真孝《かわせまさたか》と五代の青木周蔵《あおきしゅうぞう》が長州《ちょうしゅう》藩出身である。同様に駐米公使も森のあと、吉田清成《よしだきよなり》、寺島宗則と薩摩藩出身者が続いた。まさにここでも「薩長出身にあらずんば、英米の公使にあらず」と、言わんばかりの偏重人事がまかり通っていた。

経験ゼロ、白紙の状態から

　もちろん彼らのほとんどは海外留学の経験者だったから、語学に通じ、相応の知識や国際感覚をもつ人物ではあったが、外交官としての特別な教育、訓練を受けたわけではない。いやそもそも誕生したばかりの明治新政府内に外交官を養成する仕組みなどあろうはずもなく、「生きた外交」を伝授することの出来る人物もいなかった。

　このため鮫島のヨーロッパ派遣が決まった当初、駐日イギリス公使のハリー・パークスは、「世界に冠たるわが大英帝国に、外交交渉の経験もない二十歳を超えたばかりの若造を送り込むというのは失礼千万である」と激怒し、鮫島のロンドン駐在を認めなかった。「日本政府よ、外交は青二才で務まるほど甘いものではないぞ」と、言いたかったらしい。ちなみに当のパークスはこの時、日本に赴任して五年目の四十二歳、まさに外交官として脂《あぶら》の乗り切った働き盛りであった。

そこで鮫島は活動拠点を当初予定していたイギリスではなく、フランスとする。幕末明治期の外交史に詳しい犬塚孝明《いぬづかたかあき》によると、ここで鮫島はヨーロッパ各国に自分が日本国の外交代表であることを認めてもらうべく、血のにじむような努力を重ねたという。

鮫島は着任すると、ヨーロッパの外交事情に詳しいフレデリック・マーシャルというイギリス人秘書を雇い、「外交とは」から始まり、現実の外交慣行まで徹底的に学びながら実務経験を積み、プロの外交官をめざした。同様に、アメリカ駐在の森も当時の国務長官ハミルトン・フィッシュにゼロから教えを請《こ》うたという。

つまり日本政府が初めて欧米へ派遣した若き二人の外交官は、経験ゼロの白紙の状態から試行錯誤を重ねながら、一つずつ外交なるものを体得していったのである。

鮫島は自身の苦い経験から、後輩外交官のために国際外交の実務書を作成する必要があると考え、執筆に着手した。この時、彼は病に冒《おか》されていたが、それを押して作業を続け、明治七年（一八七四）秋、ついに日本最初の外交の手引書である「ディプロマティック・ガイド」（外国交法案内）を完成させた。鮫島の執念が同書を書かせたと言ってもよく、以後日本の外交官のバイブルとして、広く用いられた。その意味で鮫島の功績は大きく、彼を「近代外交官の父」と呼んでもよい。

トンビに油揚げをさらわれる

鮫島らのように外交なるものを初歩から学んでいった者がいる一方で、明治政府は外交経験のまったくない者を「外部からの飛び入り人事」で、海外駐在の公使に任用した。

それは、当時日本の外交官の主たる任務といえば、現地に滞在する留学生らの世話や「お雇い外国人」の招聘《しょうへい》、日本と日本人を理解してもらうための社交活動が中心であったから、とくに最重要国とみなしていた英米以外の国々へは、「素人外交官」でも勤まるであろうとして送り込まれた。

「外部からの飛び入り人事」の最たる例が、旧支配層である大名およびその一族からあわせて七人が登用されたことである。徳川時代の大名制度は明治新政府が誕生してからも存続し、明治二年（一八六九）の版籍奉還《はんせきほうかん》によって廃止された。

七人のうち版籍奉還まで藩主の座にあったのは、「はじめに」でも触れた安芸《あき》広島藩の浅《あさ》野《の》長勲《ながこと》をはじめ、肥前《ひぜん》佐賀藩の鍋島直大《なべしまなおひろ》、阿波《あわ》徳島藩の蜂須賀茂韶《はちすかもちあき》、美濃《みの》大垣《おおがき》藩の戸田《とだ》氏《うじ》共《たか》、それに和泉岸和田《いずみきしわだ》藩の岡部長職《おかべながもと》の五人である。このほか藩主経験者ではないが、藩主一族に連なる者として、肥後《ひご》熊本藩主細川斉護《ほそかわなりもり》の六男の長岡護美《ながおかもりよし》（細川家から分家）と、版籍奉還後に家督を継《つ》いだ水戸《みと》徳川《とくがわ》家十二代当主の徳川篤敬《あつよし》の二人がいる。

では、なぜ明治新政府はこれら旧大名らを外交官に任用したのであろうか。これには諸説あるが、まず彼らがそれなりに有能な人物であったということは疑いない。

江戸三百諸侯の中には何事も家臣に任せ、「よきに図らえ」タイプの凡庸《ぼんよう》な人物も少なくなかったが、彼ら七人のうち、浅野を除いて六人までが明治早々、欧米へ留学していることから、進取の精神に富み、向学心に燃えた人物であったと思われる。もっとも留学は本人の自発的意思によるものなのか、それとも周囲の強い勧めによるものだったのか、定かではないが、思い切って海外へ出てみようと決断した点は評価してよい。

ちなみに、留学した六人のうち五人が帰国後、外務省へ出仕《しゅっし》している。海外の自由な空気が忘れられなかったのか、せっかくの在外経験を生かしたい、あるいは海外に活躍の場を求めたいという願望があったものと思われる。もっとも版籍奉還により、旧大名は公家らとともに「華族」という国民の指導的階層に組み入れられ、優遇されたから、留学経験者であれば、なおのこと帰国後の出仕先探しに苦労することもなかったろう。

　また家柄を考慮したとする説もある。ヨーロッパでは長い間、外交は貴族など特権階級が行なうものとされてきたから、政府も旧大名の地位にあった者ならば、由緒ある家柄の出身者として相手先にも受け入れられるだろうと、考えたというものである。

　論功行賞《ろんこうこうしよう》という側面も見逃してはならない。これらの旧大名は幕末維新の動乱期に官軍側に立ち、程度の差こそあれ、勲功のあった藩主たちである。藩論を勤皇や恭順《きようじゆん》にまとめたうえで、軍資金を献上したり、あるいは藩兵を差し出すなど、倒幕運動に進んで協力した。新政府の上層部が、彼らの働きに対し、何らかの形で報《むく》いてあげたいと考えても不思議はない。

　最も興味深いのは、外交活動費の不足を補うためとする説である。陸奥宗光《むつむねみつ》外務大臣のもとで秘書官を務めた中田敬義《なかたたかのり》は晩年の昭和十四年、『故陸奥伯《むつはく》ノ追憶』と題して語った中で、このことについて触れている。

「明治初期に於いては東洋の一隅に在《あ》る島帝国日本の存在を知らぬ欧米人が多かったろう。それ等《ら》の国々へ公使として使する者は勢い派手に振舞《ふるま》わなければならぬ。従って金も相当要《い》り、外務省から貰《もら》う俸給《ほうきゆう》のみでは不足を告げる。そこで井上侯《いのうえこう》［井上馨《かおる》］の外務卿《きょう》時代、裕福な華族ならば、充分に宴会抔《など》もして、交際ができるだろうとの見地から浅野、戸田、蜂須賀、長岡、徳川等の旧大名が公使として送られた」（『外務省の百年』外務省百年史編纂委員会編）

これは「はじめに」で紹介した山口愛川《やまぐちあいせん》の「金のありそうな旧大名」が選ばれたとする見方とも通じる。つまり明治新政府は国家財政も乏《とぼ》しく、外交活動費を十分に捻出《ねんしゅつ》出来ないため、旧大名家たちの私財に期待したというのである。

外交官となった彼らは、大名という特権こそ失ったものの、旧幕時代から継承した豊かな財産があった。新政府もそれを当てにして、現地で交際費が不足した場合は自前で賄《まかな》えとばかり、外国へ送り込んだとしたのなら、情けない話である。

旧大名らが、それぞれどんな経緯で外交官に登用され、海外へ派遣されたのか、このあと詳しく見ていくが、明治の前半、海外へ派遣される者のほとんどは、時の権力者の「ツルの一声」で決まったとされ、その裏には、自薦、門閥《もんばつ》の推薦、縁故情実《えんこじょうじつ》などが絡《から》んでいたという。当時外務省で組織改革に関わった原敬《はらたかし》（のちの首相）も「何時《いつ》にても当時の長官［外務卿］が適当なりと認めたる人を本省若《も》しくは他省より採用して海外に派遣する……」と述べている。

「ツルの一声」による「外部からの飛び入り人事」に面白くないのは、下から上をめざそうとする外務省のプロパー職員たちで、努力すれども「トンビ」（よそ者）に「油揚げ」（花形ポスト）をさらわれ、在外勤務の者はいつなんどき、その地位を奪われるか、疑心暗鬼《ぎしんあんき》になるなど不満が高まっていた。

外交官試験が定められる

一方、国際関係が次第に複雑化し、国益の衝突する場面が増えてくると、外部から登用した「素人外交官」だけでは十分対応しきれなくなった。

「そもそも外交官領事官の職務は一種の技術と云《い》うべきものにして、素養なき者は到底《とうてい》その職に耐《たえ》うるものにあらず。（中略）最早《もはや》従来の因習《いんしゅう》を改め、外交官、領事官を特別官となすことを得《う》るの時機に達したるものと認めざるを得《え》ず」（『原敬日記』）

そこで語学はもちろんのこと、国際法や国際経済など、より専門的な知識をもった職業外交官、いわゆるキャリア外交官が求められるようになり、原敬らが中心となって新たな外交官採用方法について検討を重ねた結果、明治二十六年（一八九三）、時の外務大臣陸奥宗光のもとで「外交官領事官及《および》書記生任用令」が制定された。

この「任用令」は第一条で「外交官及領事官は外交官及領事官試験に合格したる者にあらざれば、任用することを得ず」とし、外交官、領事官をめざす者は何人《なんぴと》も試験を経ねばならないことを明確に規定した。そして同試験に合格した者は「外交官補又は領事官補」として採用され、「満二年以上外国に在勤したる後にあらざれば、其《そ》の他の外交官又は領事官に任用することを得ず」と、海外での実務経験を積んだ者でなければ、外交官や領事官に任用しないと定めた。

ここに明治初年から二十年余にわたって続いたツルの一声による人事という「従来の因習」は改められ、制度化された。ちなみに、この時から「交際官」に代わって「外交官」という呼称が用いられることになった。

ところで、新たに導入された外交官・領事官試験は超難関であった。まず受験するに相応《ふさわ》しい人物かどうかを判定するための事前審査があり、志願者は出願理由、履歴書、論文をそれぞれ日本語および外国語（英・仏・独語のいずれか）で記したものを提出しなければならず、これに通った者だけが本試験に進むことが出来た。

本試験は一次と二次があり、一次は日本語の作文と、それを事前審査で選択した外国語に訳出、試験委員の質問に外国語にて応答、試験委員の示した外交公文《こうぶん》を読んで、その内容を邦文で要約、さらに試験委員の口述を聴き、その要旨を邦文でまとめるというもので、どれもひと筋縄《すじなわ》では行かぬ難問ばかりであった。

二次は専門知識を問う論文記述と口述試験である。論文の科目は、憲法、行政法、経済学、国際公法、国際私法の五教科が必須で、これに刑法、民法、財政学、商法、刑事訴訟法、民事訴訟法、外交史の中から一つを選択するという計六教科で行なわれ、これに口述試験が加わった。

だが学術、口述試験に合格したからと言って、即採用にはならないと、初期の試験委員を務めた原敬は釘を刺している。

「仮令《たとい》優等の学術あるも採用すること能《あた》わざる場合あり。又容貌醜悪《ようぼうしゅうあく》にして交際上厭忌《えんき》を来たす者、若《も》しくは体格柔弱にして或《あ》る地方には在勤せしむること能わずと云う如《ごと》き者は採用することを得ざるなり」（『原敬日記』）

どんな厳しい環境にも耐えうる強靭《きょうじん》な体力が必要であるというのは理解出来るが、海外で接する相手に対し、不快感や嫌悪感を抱《いだ》かせるような容貌の持ち主であってはならないとする条件も付いた。国家を代表するエリート外交官には、「見た目の良さ」まで求められたとすれば、合格へのハードルはより高くなったはずである。

第一回目の試験は日清《にっしん》戦争開戦直後の明治二十七年（一八九四）九月に実施され、この時の志願者は十名（うち一名は病気欠席）、合格者は四名であった。以後も各年、五名、二名、四名、三名、四名と、いずれも五名以内であった。もっとも合格者が少なかったのは、当時わが国と外交関係を結んでいる国の数が少ないうえ、国際機関も存在せず、今日ほど外交官の員数を必要としなかったからである。

こうして始まった外交官試験制度は以後一世紀あまり続いたが、平成十二年（二〇〇〇）に廃止され、翌年から他の中央省庁と同じ「国家公務員採用Ⅰ種試験」の合格者の中から選抜されることになった。外交官だけ独自試験を実施してきたことが、誤ったエリート意識を助長してきたとの批判を受けたからである。また五人に一人は大使の子弟が合格すると言われた「身びいき採用」も、世間の誤解を招かぬよう改められた。

1章　肥前佐賀藩藩主→イタリア駐在公使

鍋島直大

Naohiro NABESHIMA

圧倒的な財力で外交の花を演じる

アームストロング砲で「薩長土肥《さっちょうどひ》」の一角に食い込む

大名出身外交官の第一号は、旧肥前《ひぜん》佐賀藩の最後の藩主鍋島直大《なべしまなおひろ》である。幕末の騒乱時、同藩は勤皇《きんのう》か、佐幕《さばく》か、なかなか態度を明確にしなかった。司馬遼太郎《しばりょうたろう》は直大の父、鍋島直正《なおまさ》（閑叟《かんそう》）を描いた『肥前の妖怪《ようかい》』という作品の中で、次のように記している。

「幕末、閑叟は三百諸侯のなかで最強最大の洋式陸海軍をもちながら、勤王、佐幕いずれにも属せず、動乱期の最後の瞬間ににわかに薩長土と手をにぎって、『薩長土肥《さっちょうどひ》』となり、その強大な武力を放出して徳川軍をほろぼした。このため閑叟は早くから勤王、佐幕両派から、

『洞ケ峠《ほらがとうげ》の順慶《じゅんけい》』〔山崎《やまざき》の戦いにおける筒井《つつい》順慶のこと〕

とか、

『肥前の妖怪』

とかいわれた」

閑叟は文久《ぶんきゅう》元年（一八六一）十一月、家督を息子の直大に譲ったが、新藩主がまだ十五歳

だったため、引きつづき藩政を担《にな》った。司馬が言うように、閑叟は幕末の中央政局からは距離を置き、もっぱら自藩の富国強兵に専念したため、直大も表舞台に立つことのないまま、大政奉還《たいせいほうかん》、王政復古を迎える。

直大の名を一躍《いちやく》高めたのは戊辰《ぼしん》戦争（一八六八―六九）の時である。直大はようやく重い腰をあげ、国内で唯一、佐賀藩だけが保有していた、当時世界で最新鋭と言われたアームストロング砲を引っさげて新政府軍に加わり、勝利に大きく貢献した。

この大砲が威力を発揮したことで知られるのは、慶応《けいおう》四年（一八六八）五月の上野《うえの》戦争、いわゆる彰義隊《しょうぎたい》との戦いである。新政府軍による彰義隊総攻撃の日、戦端が開かれると、本郷台《ほんごうだい》（現東京・文京《ぶんきょう》区の東大構内）に配備された二門のアームストロング砲が上野の山に立て籠《こ》もる彰義隊に向けて火を噴き、その凄《すさ》まじい破壊力によってわずか半日余りで相手を壊滅状態に追い込んだ。

さらに直大は藩兵を東北戦線に送り込み、とりわけ天王山《てんのうざん》となった会津《あいづ》戦争では反撃拠点の鶴ヶ城《つるがじょう》に対し、アームストロングによる砲撃を容赦《ようしゃ》なく浴びせ、大きな戦功を挙げた。改めて薩摩・長州・土佐《とさ》陣営に対し、佐賀の洋式軍事力がいかに優れ、新政府軍に不可欠なものであるかを見せつけた。こうしたことから世間では、肥前佐賀藩が「薩長土肥」の一角に食い込めたのは、アームストロング砲のお陰などと噂した。

明治二年（一八六九）、諸大名から国家（天皇）へ領地、領民を返納する版籍奉還が実施され、直大は中央政府から新たに「知藩事《ちはんじ》」（のちの知事）という職に任命される。と言っても実態は藩主と変わりなく、統治機構や権限も旧藩時代のままだったため、形式的な中央集権化が行なわれたに過ぎなかった。

二年後の明治四年（一八七一）七月、次なるステップとして実施されたのが旧藩体制の完全なる解体をめざした廃藩置県《はいはんちけん》である。全国の藩は三府三百二県（同年末には三府七十二県）に再編され、各府県には中央政府が任命した府知事と県令《けんれい》が送り込まれた。これにより、すべての旧藩主は知藩事の職を解かれるとともに東京在住が義務づけられた。

つまり、新政府による国土と国民を一元的に統治する中央集権システムがここに確立し、長く続いた「領主――領地――領民」という封建体制が消滅したのである。

西欧への強い関心

直大は、「蘭癖《らんぺき》大名」（西洋かぶれの大名）と呼ばれ、西欧文化の導入に熱心だった父閑叟から、海外の最新知識を吸収する必要性を叩《たた》き込まれて育った。

閑叟は藩士の洋学教育に力を入れ、有能な若者を次々と長崎へ送って欧米人のもとで学ばせたほか、幕府に海外使節派遣の動きありということを耳にすると、他藩に先駆《さきが》けて家臣を同行させたいと手を挙げた。こうした環境で育った直大が自分もいつの日か、海外で学んでみたいという夢を抱くようになったとしても不思議はなく、周囲も「若殿」に海外留学を強く勧めた。

直大が当時、世界の最先進国であるイギリスへ渡り、オックスフォード大学で学びたい旨《むね》を政府に申し出たのは、廃藩置県の前年の明治三年（一八七〇）のことで、知藩事の職を続けるより、留学を優先させたいと決断したのである。

つまり直大がいなくとも、知藩事の職務は旧家臣たちで代行出来たということである。

その年の十二月にヨーロッパ留学の許可が下りた。このため直大は年明け早々にも、日本を離れたいと思ったが、運悪く翌四年一月十八日に閑叟が死去したため、やむなく延期せざるを得なくなった。直大の回顧録にこの間の事情が記されている。

「四年正月五日に佐嘉《さが》［佐賀］出立《しゆつたつ》したり。上京の時、父閑叟義［儀］大病にてついに死したり。これゆへに先《ま》ず［留学計画が］滞《とどこお》る。（中略）又再び洋行の事を思ひ立つ。幸ひに岩倉《いわくら》［具視《ともみ》］右大臣公大使として御洋行の由《よし》に付き、随行学生として出立することになれり」（『復暦本書《ふくれきほんしょ》』）

そこで身辺の諸問題を処理し、同年十一月、欧米巡歴へ向かう岩倉使節団に改めて随行留学生として加わることにした。この時、同じく留学生として同行した旧藩主には筑前《ちくぜん》福岡藩の黒田長知《くろだながとも》と加賀《かが》金沢藩の前田利嗣《まえだとしつぐ》らがいる。

当時留学へ向かう二十五歳の直大が詠《よ》んだ歌がある。

開《ひら》けたる　世のよき事を　わが国へ
　　　行う為の　つとめなりけり

とつ国［外国］の　開けし業《わざ》を　敷島《しきしま》の
　　　大和《やまと》こころに　添えて学ばん

妻子を日本に残して留学するも、三年後に帰国

ところでこの時、直大は既《すで》に妻帯し、子供もいたが、留学には同伴しなかった。直大は家督を継いでから六年後の慶応三年（一八六七）二月、二十一歳の時、公家の梅渓通善《うめたにみちたる》の長女、駒姫《こまひめ》（結婚後に胤子《たねこ》と改名）十六歳を妻に迎えた。

その三年後に長女朗子《さえこ》が誕生し、第二子となる長男直映《なおみつ》の誕生の報は留学先のイギリスで聞く。ちなみに直映も、のちにケンブリッジ大学に留学している。父と息子がいずれも留学先としてイギリスの名門大学を選んだのは、佐賀藩と関係の深かった長崎在留の同国商人グラバーあたりの助言によるものだったかも知れない。

ワシントンで岩倉大使一行と別れ、ニューヨークからロンドンに入った直大を出迎えたのは、ひと足先に当地で学んでいた佐賀出身の若者たちであった。直大は彼らに、これからは旧藩主ではなく、同じ一学徒として学ぶ決意を伝えた。と言っても、日本から旧家臣三名が「お供《とも》」として同行し、潤沢《じゅんたく》な滞在費を持参している直大と彼らがすぐに対等な関係になれるはずもなかった。

直大はロンドンでブルースという医師宅に下宿しながら、オックスフォード大学へ通い、経済学をはじめ文学史、文明史などを幅広く学ぶ一方、「始めてブルースの処《ところ》で舞踏《ぶとう》を習ひ

初め……」（『復暦本書』）というように、学生生活も楽しんだ。

また折《おり》をみてフランス、イタリア、オーストリア、ドイツ、オランダ、ベルギーなど周辺諸国へ頻繁《ひんぱん》に足を運び、最新事情を視察したり、日本で知り合った人たちと旧交を温めた。

イギリスへ来て三年が過ぎた明治七年（一八七四）春、佐賀で江藤新平《えとうしんぺい》らに率《ひき》いられた不平士族たちの反乱、いわゆる「佐賀の乱」が発生したとの報に接し、鎮静化を図らねばと、急遽《きゅうきょ》帰国する。しかし「東京に着せし比《ころ》は暴［動］も治《おさま》りたり」ということで、騒乱はすでに終息していた。直大はただちにイギリスへ舞い戻って留学生活を続けることにした。

妻同伴で留学続行

再渡航に際しては妻の胤子を同伴することにした。それは一時帰国し、天機伺《てんきうかが》い（天皇陛下をお訪ねすること）をした際、直大は直々《じきじき》に「西洋風の貴族風を学ぶべし」との内命を受けたからである。「西洋風」に照らせば、夫妻が行動をともにするのが常識と考えられた。

ただし幼い子供たちは伴なわず、亡父の継室《けいしつ》（後妻）、つまり義母の筆姫《ふでひめ》に養育を託すことにした。こうした直大の判断も当時としてはずいぶん割り切ったものだったろう。

八月十三日に横浜を出発、長崎で下船し、直大は佐賀を訪れた。反乱終結後の現地の様子をこの目で確認しておきたかったからである。

九月二日に長崎を発し、西回りで欧州をめざすが、途中、大暴風雨に遭遇し、船は激浪《げきろう》に翻弄《ほんろう》される。この時ばかりは直大も死を覚悟したようで、その時に詠んだ歌がこれである。

大波に　うち沈められ　また浮かぶ
　　今や我が身の　終わりたるらん

その後の船旅は順調で、五年前に開通したスエズ運河を通り、イタリアのナポリに立ち寄ったあと、フランスのマルセイユに上陸した。結婚してからあっという間の十年、二人にとってはこれがハネムーンのようなものであったに違いない。とは言え、この時も夫婦水入らずというわけではなく、直大には随行者が二人、胤子にも世話係の女性がそれぞれ付き添っていた。

船内で胤子は和服で通し、外国人客から珍しがられた。というのも当時、日本では婦人服を仕立てる裁縫店が少ないうえ、急な出発だったため、洋服の準備が間に合わなかったからである。このためマルセイユから汽車でパリに入ると、彼女はまず初めに市内の店で洋服を新調し、あわせて長くなる西洋生活に備え、夫と必要な調度品や身の回り品を買い揃えた。ロンドンに着いたのは十一月二十三日、生活の拠点となる家を借り、新生活をスタートさせた。

胤子はただちに雇い入れたイギリス婦人から英語や生活慣習について教えを受け、あわせて舞踏やピアノのレッスンを開始する。さらに西洋刺繡《ししゅう》にも興味を抱き、それには絵画を学ぶ必要があるとして、プロの画家の指導を受けることにした。彼女は日本で油絵に取り組んだ最初の女流洋画家とされる。

いやはや保守的な公家の家に育ったとは思えぬほど、胤子は貪欲《どんよく》に新しいものに取り組んだ。その姿勢はみごとと言うほかない。

夫婦はしばしば周辺国を訪れた。フランスから帰って来た時のことである。胤子はイギリス、フランス両国の文化の違いに興味を覚え、新たにフランス語を学びたいと言い出した。これが一時の思いつきでなかったことは、帰国する頃に英語、フランス語を完璧《かんぺき》にマスターしていたことからも分かる。直大もまたヨーロッパの貴族たちが少なくとも二カ国語に通じていることを知り、妻と同じくフランス語の勉強を始めている。

それにしても留学生という立場にありながら、夫妻がこれだけ好きなことに没頭出来たのは、鍋島家からかなりの経済的援助があったことは疑いない。

また二人は晩餐会《ばんさん》、舞踏会、音楽会などへ頻繁に顔を出し、上流社会の人々と交流の輪を広げていった。「皆人心《じんしん》かはり［変わり］、全く開花的のファッショネーブルと云《い》うハイカラ風なり」と、直大は当地の上流階級の社交界について感想を残している。二人は「プリンス・ナベシマ」「プリンセス・ナベシマ」と呼ばれ、当地で暮らす最も有名な日本人夫婦として知られた。大名廃業からわずか数年後のことである。

滞在中、夫婦にとって忘れることの出来ないのは、イギリスのヴィクトリア女王とエドワード皇太子らに謁見《えつけん》する機会を得たことである。この時は直大と同じくオックスフォード大学に留学中の元阿波徳島藩の藩主、蜂須賀茂韶《はちすかもちあき》・斐《あや》夫妻も一緒だった。当日の鍋島夫妻の服装は、直大が大礼服、胤子はローブ・ド・クール（大盛装）であった。

順風満帆に見えた夫妻のヨーロッパ生活にも辛い出来事があった。それは明治八年（一八七五）秋、妊娠中の胤子が風邪から肋膜炎《ろくまくえん》を併発し、これが翌年二月の出産にも影響した。母体が万全でなかったため、生まれた次男直英《なおひで》も虚弱で、わずか二カ月で死亡してしまった。

東京での優雅な洋風生活にベルツも感心

明治十一年（一八七八）七月、七年に及ぶイギリス留学を終え、新知識を蓄《たくわ》えて帰国した直大からは、かつての封建領主の面影は完全に消え去り、当時の日本では数少ない国際感覚のある知識人に変身していた。

しばしの休養のあと、翌明治十二年一月に外務省に出仕して御用掛《ごようがかり》となり、日本を訪れる海外の皇族など賓客《ひんきやく》の接伴役《せつぱんやく》を務める。流暢《りゆうちよう》な外国語に加え、滞欧《たいおう》生活で身に付けた社交術、接待術を買われての起用であったことは言うまでもない。

この頃の直大・胤子夫妻の生活ぶりを紹介しよう。外務省勤めを始めて半年ほど経った七月九日、当時お雇い外国人の一人として日本に滞在していたドイツ人医師のエルヴィン・フォン・ベルツ（温泉の効能を日本中に広めたことでも知られる）は夫妻から夕食に招待される。当時鍋島邸は現在の総理大臣官邸（東京・千代田《ちよだ》区永田町《ながたちよう》）の地にあり、ベルツが訪ねてみると、そこは聞きしにまさる大豪邸であった。

「かつては最も有力な、そして今でもなお最も裕福な大名のうちの一人である鍋島家の邸宅は、東京で一番上流の住宅街である永田町にある。すばらしい陸や海の眺めに恵まれ、

ローマでの鍋島直大

永田町にあった鍋島邸西洋館

（2点とも、公益財団法人鍋島報效会所蔵）

和洋折衷《せっちゅう》の建て方で、調度品は非常に凝《こ》っている。堂々たるグランド・ピアノまでが、手抜かりなくサロンに備えつけられてあるが、このピアノは、豪勢な暮らしぶりであったロンドン時代からの伝来のものである」（菅沼竜太郎訳『ベルツの日記』）

直大はヨーロッパ仕込みの洋服でベルツを出迎えた。

「[鍋島]侯はまだ若くて三十二歳くらい、中背、やせ形、まばらな黒い総ひげのある柔和《にゅうわ》な顔付の人である。いまだかつて自分は、洋服姿いがいの侯をみたことがないほどで、その身のこなしたるや、大多数の日本人とは異なり、全く板についていて、なんのあぶなげもない。しかもその上、大名としては珍しいことだが、粋《いき》である」（『ベルツの日記』）

一方、夫人の胤子もこの日は、ヨーロッパ風の夜会の盛装であった。

「いつも和服姿の夫人を見なれていたので、変った服装と髪飾りの夫人に、最初は全く気がつかなかった。外国の衣服をつけた夫人の姿は、日本の女性のすべてと同様に、まるで人形のように固苦しく、ひ弱い感じがしたが、まんざら悪くもなかった。自分は夫人の相手役になって食卓に導き、英語でとても愉快にかたりあった。侯夫妻は非常に洗練された社交ぶりを示し、しかもすこぶる感じのよい会話の才をみせていた」（『ベルツの日記』）

江戸から明治へ世変わりしてわずか十年しか経っていないのに、日本人の中で、これほど世間一般とかけ離れた優雅な洋風生活を送る「人種」が存在していたことに驚かされる。

イギリスから帰ってから、鍋島夫妻はひどい咳《せき》に苦しめられていた。とくに胤子のほうが症状は重く、しばしばベルツの治療を受けていた。ヨーロッパで患《わずら》った肋膜炎がぶり返したのか、明治十三年が明けた頃から病勢が募り、神戸で転地療養をしている。

そんな折、三月初めのことである。直大は時の外務卿井上馨《いのうえかおる》よりイタリア駐在特命全権公使を拝命する。本人は海外での学術修業が評価されたのだと受け止め、その喜びを次のように詠んだ。

年を経て　学びし事の　あらはれて
　今日の名誉を　受くるうれしさ

ところが好事魔多《こうじま》し、同月八日、直大は天皇皇后両陛下に拝謁するため、東京に戻っていた胤子を伴ない、参内《さんだい》したが、その直後から胤子の病状が急速に悪化し、わずか三週間後の三十日に帰らぬ人となった。三十一歳という若さであった。妻を同伴しての再渡欧を楽しみにしていた直大の落胆も大きかった。

公使デビュー

日本とイタリアの関係は慶応二年（一八六六）、徳川幕府が来日したイタリア使節との間で修好通商条約を締結してからスタートし、翌年、最初の駐日公使ヴィットリオ・デ・ラ・トゥールが着任した。

一方、日本がローマに公使館を開設したのは明治六年（一八七三）で、当初専任の公使は常駐せず、隣国オーストリア駐在の弁理公使、佐野常民《さのつねたみ》（旧肥前佐賀藩士）が兼務した。前章でも述べたように、弁理公使とは特命全権公使と代理公使の中間に位置する外交使節である。佐野の後任は旧長州藩出身の河瀬真孝《かわせまさたか》で、弁理公使を経て初代のイタリア特命全権公使に任じられた。したがって、河瀬のあとを継いだ直大は第二代の駐イタリア専任公使ということになる。

直大のキャリアを考えれば、海外公使への登用は違和感のあるものではないが、なぜイタリアだったのだろうか。当時両国の間には格別の懸案もなく、公使にとっての使命は友好親善がすべてと言ってもよかった。それゆえ外交経験はなくとも、語学に通じ、欧州人との交際経験が豊富な直大であれば、勤まるだろうと判断されたとみられる。

直大にとって外国暮らしは何の不安もなかったが、最大の悩みは日本を代表する外交官として同行する妻がいないということであった。ヨーロッパの社交界ではどんな集まりも夫婦同伴が原則であることを先の滞欧生活で重々承知しており、亡き胤子が自分を十分にサポートしてくれたことを改めて思い出した。

だが新たなパートナーを見つける時間的余裕はない。そんな折、前妻と同じく公家の娘との縁談が持ち上がり、直大は慌《あわ》ただしく話をまとめる。その経緯については「夫人をなくしてやもめ暮らしの彼を気の毒がり、友人たちが皇后に奏請《そうせい》して彼女を世話した」(富田仁編『海を越えた日本人名事典』)とされ、実際に昭憲皇太后《しょうけんこうたいごう》(明治天皇皇后)自《みずか》らが、この縁組をまとめるべく尽力したようである。

相手の女性は、大納言廣橋胤保《ひろはしたねやす》の五女栄子《ながこ》で、直大より九歳下である。栄子は一度、岩倉具視の息子の南岩倉具義《みなみいわくらともよし》と結婚したが、具義は前年に亡くなり、寡婦《かふ》になっていた。つまり二人は再婚同士ということになる。

直大は前妻の死から日が浅いことや結婚式を挙げてからでは赴任が大幅に遅れるため、婚約するだけにとどめ、七月初め、単身で日本を離れた。

ローマに入ると、直大はまず外務大臣を訪ねて着任報告を行ない、八月十三日にはウンベルト国王に謁見する機会を得る。この時、直大は明治天皇からの国書と大勲位菊花大綬章《だいくんいきつかだいじゅしょう》を同国王に奏呈《そうてい》した。さらに各国の駐在外交官を順次訪問して着任挨拶《あいさつ》を行ない、新任公使としての務めを一通り果たした。

自分はついに日本国を代表する公使という立場でローマにやって来たのだという感慨がしみじみと胸に迫ったのだろう。これで先祖（遠《とお》つ親）へも顔向けが出来る、そんな心情を詠んだのが次の一首である。

志《こころざ》し　貫きたれば　遠つ親に
報《むく》ひる道も　開けたりけり

両国関係は無風状態とは言え、当時日本政府にとって最大の外交課題は、徳川幕府が欧米諸国と結んだ、いわゆる不平等条約の改正であり、井上外務卿は各国に駐在する公使に対し、それぞれの政府と交渉に入るよう訓令を発していた。イタリアについても例外ではなく、当時直大と本省との間で交わされた電報や文書類を見ると、その大半は同問題に関するものであった。

『日本外交文書』（外務省編）から、やりとりの一部を拾ってみる。

「条約改正に関する意見書送付の件」（鍋島から井上外務卿）
「条約改正交渉促進方懇談《こんだん》の件」（鍋島から井上）
「本条約関係の約定《やくじょう》表送付の件」（井上から鍋島）
「条約改正に対する伊国政府の態度報告の件」（鍋島から井上）
「伊国政府として交渉遷延《せんえん》事情申報の件」（鍋島から井上）

もっとも日本政府が条約改正の天王山はイギリス、アメリカ、フランスなどとの交渉とみていたから、直大もこれらの国々との交渉経過を見守りながらイタリア側と話を進めればよかった。

このため公務の間を縫《ぬ》って直大は得意の社交術で各方面の人たちとの交流に力を入れ、ここでも「プリンス・ナベシマ」と呼ばれ、親しまれた。日本の天長節《てんちょうせつ》にあたる十一月三日、直大は着任後初めて公使館で夜会を開き、多数の賓客を招いた。夜会につきものの舞踏会では、妻不在の直大はどのように振《ふ》る舞《ま》ったのであろう。

妻のローマ入り

栄子が横浜を発《た》ったのは、直大に遅れること八カ月後の明治十四年（一八八一）三月初めである。京に生まれ育ち、国内ですら旅した経験がほとんどない栄子にとって外国へ行くことなど夢にも思わぬことであったが、直大に嫁《とつ》ぐ以上、どこであれ、ついて行こうと覚悟を決めていた。同じ公家育ちの胤子に出来たことが、自分に出来ぬはずはない、生まれ変わった気持ちで公使夫人の役割を果たしてみせると、決意を新たにするのであった。

直大は遅れてローマ入りする栄子に対し、国内にいる間に取り組むべき四つの努力目標を申し渡していた。それは、「毎日一時間のフランス語の学習」「算術の練習」「横文字の習字」、それに「西洋服の着付け」である。

栄子を乗せた船がナポリの港に着いたのは四月十六日、波止場《はとば》には直大が出迎えに来ていた。汽車でローマへ向かい、公使館に入った。栄子には鍋島家家扶《かふ》の田中永昌《たなかえいしょう》と北島以登子《きたじまいとこ》が同行してきたが、公使館には栄子のほか女性は、この以登子しかいない。公使夫人とは言え、これからすべての家事を自分と以登子で切り盛りしなくてはならず、かつての「お姫様」暮らしが一変したことを悟った。

到着後、最初になすべきことは自分たちの結婚式である。「幾多の不便と困難を克服して」（『直大公略伝』）執《と》り行なわれた式は純日本式で、神官こそいなかったが、日本から持参した酒で三三九度《さんさんくど》の盃《さかずき》を交わし、公使館員らごく少数の人たちと祝いの膳《ぜん》を囲んだ。

記録によると、「さしみ、煮しめ、魚、酢かき〔牡蠣〕、香物《こうのもの》、菓子」などが用意されたという。清酒のほかに味噌、醤油、諸道具なども日本から運んで来た。女手が足りないため、花嫁の栄子も料理を手伝うなど、式当日は一人二役、三役の忙しさであった。

挙式を終えると、栄子は夫に伴なわれて王宮に参殿し、国王、王妃と対面した。

やがて栄子は、王妃から当地の外交官夫人たちの中でも格別な寵愛《ちょうあい》を受けるようになり、しばしば会って親しく言葉を交わした。また王妃に限らず、現地の人たちとも臆《おく》することなく接した。

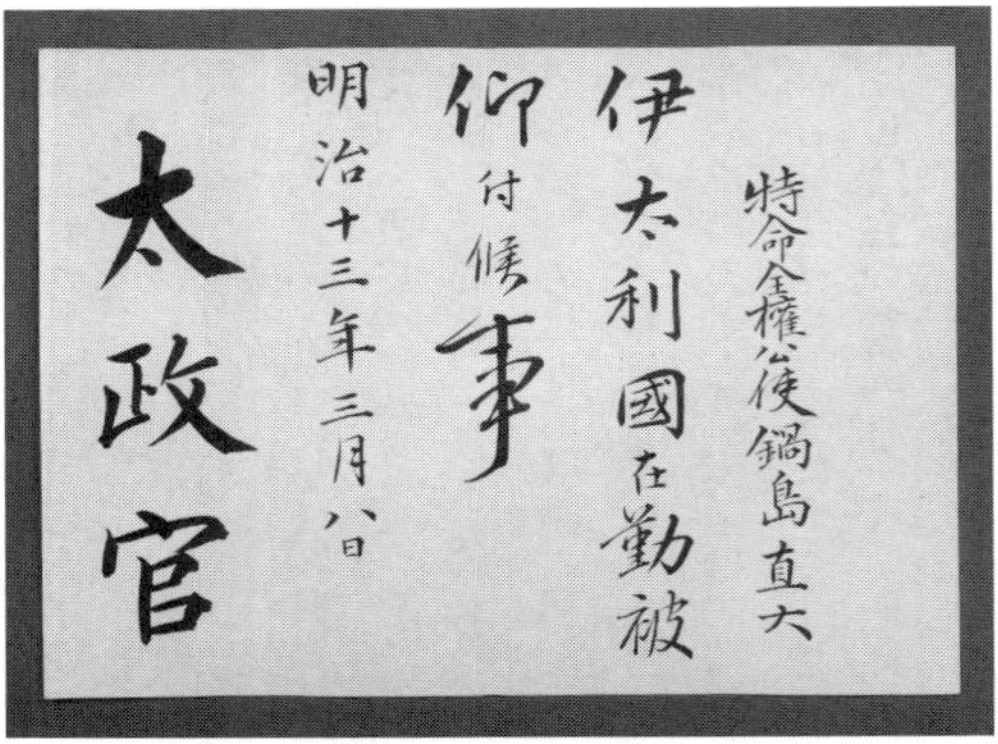
特命全権公使鍋島直大
伊太利國在勤被
仰付候事
明治十三年三月八日
太政官

直大がイタリアへの公使勤務を命じられた辞令

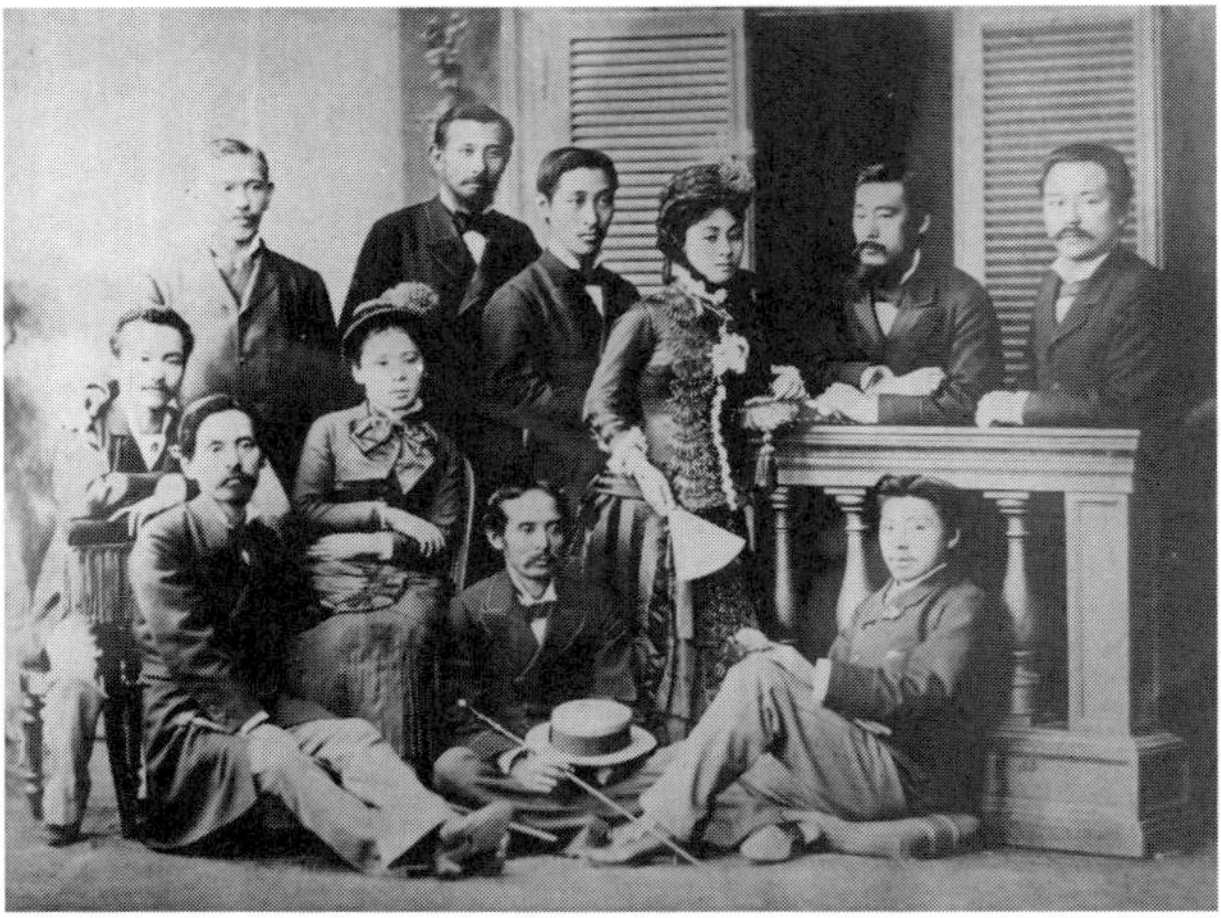

ローマでの集合写真。後列の右から２番目が直大、その左が栄子。
前列で腰掛ける女性は北島以登子で、その右に座っているのが田中永昌
（２点とも、公益財団法人鍋島報效会所蔵）

栄子はどのようにして外国語を覚えたのであろうか。おそらく彼女もまた胤子同様に、専属の語学教師を雇い入れて懸命に学んだに違いない。こうして栄子は生来の利発さに加え、人知れぬ努力によって短期間のうちにイタリア社交界でも一目置かれる存在となり、人脈の輪が大きく広がっていった。

夫妻は連日のように晩餐会や夜会へ出掛けたようで、直大も「晩餐会夜会日々之如《このごと》く盛《さかん》なる事にて、栄子を伴ない、同車にて処々へ行き、舞踏へ加わりたる事もあり」と記している。場を踏《ふ》む回数が増えていくにつれ、自信もつき、「夫婦一同に外交官の上等の地位に列したるは、実に年来の宿志《しゆくし》［長年の志］を遂《と》げたる也《なり》」と、外交官としての誇りを覚えるようになった。

栄子《ながこ》、社交で活躍する

公使として直大のイタリア滞在は実質二年にも満たない。このうち栄子と過ごしたのは一年ほどであった。この間、二人の間に娘が誕生する。のちに梨本宮妃《なしもとのみやひ》となる伊都子《いつこ》である。名前は文字通り、イタリアの都ローマで生まれたことにちなんでいる。

後年伊都子は自分の名前についてこう語っている。

「私はこの伊都子というまことに平凡な三文字が大好きになってしまいました。私の未来には大きな大きな夢があるような気がしてならなかったのです」（『三代の天皇と私』）

栄子の懐任中のエピソードが残っている。

出産を翌月に控えた明治十五年（一八八二）の一月、王宮で恒例の新年参賀があり、国王夫妻に拝謁しなければならなくなった。大きくなったお腹ではコルセットを使う礼服の着用が無理なため、日本の宮廷衣装である緋《ひ》の袴《はかま》と大和錦《やまとにしき》の袿《うちぎ》をわざわざ日本から取り寄せて参殿した。この優美な装《よそお》いは参列者から絶賛され、同時に日本の伝統文化の紹介にもなり、好評を博した。

帰国の時期が迫った同年三月十五日、公使館で年一回の大夜会が開催された。栄子にとっては、主催者として初めて手掛けるビッグイベントである。伊都子を出産して間もなかったが、あちこち細かく気を配り、準備万端で当日を迎えた。当時ローマでは会場に飾る花は香水を振りかけた造花というのが一般的であったが、栄子はバラの生花を大量に手配し、招待客を驚かせた。この夜、芳香に包まれた中でのダンスパーティは大いに盛り上がり、翌日未明まで続いた。

帰任に際して王宮へ挨拶に訪れた鍋島夫妻に対し、国王より直大に対してイタリア国勲一等王冠大綬章が授与され、王妃から栄子に対しては腕輪が贈呈された。

乳母《うば》レンタル

ところで一家の帰国に際しては大きな問題が持ち上がった。それは生後間もない伊都子の授乳をめぐる話である。船酔いしやすい栄子が長い船旅の途中、授乳が出来なくなっては一大事と、周囲の者たちが心配し、乳母を同行させようということになった。そこでお付きの者や公使館員たちが、手分けをして乳母探しに奔走《ほんそう》し、やっとのことでローマ郊外に暮らすイタリア人の農家の主婦を口説き落とした。

農婦自身も出産してから日も浅く、わが子に乳を与えなくてはならぬのに、無理やり引き離され、遠い日本へついて来てほしいというのだから迷惑な話である。おそらく札束で説得したのであろう。裕福でない農家にとって、それは思いも寄らぬ大金だったに違いない。彼女は泣く泣く愛児を夫に預け、一年間だけという約束で日本へ行くことに同意した。

体格のよい乳母は幸い乳の出もよく、伊都子は道中、不自由なく乳を飲むことが出来た。

日本に着いた乳母は、時々わが子を思い出して涙を流すこともあったが、周囲の人たちに温かく支えられながら契約期間を全《まっと》うし、イタリアへ向かう日本人に伴なわれ、帰って行った。今では考えられぬ話だが、財力ある鍋島家だからこそ出来た前代未聞《ぜんだいみもん》の「乳母レンタル」である。

夫婦で鹿鳴館《ろくめいかん》外交を推進

明治十五年(一八八二)七月に帰国すると、直大はただちに元老院議官《げんろういんぎかん》を兼ねて宮中の式部頭《しきぶのかみ》に任じられる。元老院議官はともかく、式部頭は外国人皇族の来日した際の接遇役《せつぐうやく》で、これまでの経験を生かせる、まさに適役であった。天皇をはじめ、周囲の期待に応《こた》えて精励《せいれい》し、のちに式部長官まで昇《のぼ》り詰《つ》める。

翌十六年、鹿鳴館《ろくめいかん》がオープンすると、直大は井上外務卿より同館運営の要《かなめ》である幹事長を委嘱《いしょく》される。同館は明治政府の進める不平等条約の改正交渉をスムーズに行なうため、欧米人たちに日本を文明国と思わせる必要があるとし、国賓や外国の外交官らを接待する社交場として建設されたものである。場所は元薩摩藩邸跡の麴町内山下町《こうじまちうちやましたちょう》(現千代田区内幸町《うちさいわいちょう》)、設計はお雇い外国人のイギリス人建築家、ジョサイア・コンドルで、総工費十八万円余を投じ、約三年の月日を要して落成した。

この煉瓦造《れんがづく》り二階建ての迎賓館は、一階が大食堂に談話室と書籍室、二階は大舞踏場にバーとビリヤード室が併設された。とりわけ舞踏場は鹿鳴館の象徴ともいうべきもので、政府高官、実業家らとその夫人たち、駐在外交官などによる華やかなダンスパーティが連夜のように催《もよお》された。

鹿鳴館活動では夫の直大とともに栄子も大いに活躍した。外国で身に付けた語学力、接術、ダンスなどは余人をもって替《か》え難《がた》いとして、女性幹事長とでも言うべき立場に推《お》され、内外の貴婦人たちの世話にあたった。

「踏舞《とうぶ》会昨二十九日午後より鍋島直大君の夫人が催主《さいしゅ》となり鹿鳴館にて踏舞会員七十名の貴婦人が会合して踏舞会が開かれたりと云ふ」（「時事新報」明治十八年六月三十日付）

明治十八年（一八八五）十一月の天長節の夜会は内外の賓客を集め、とりわけ盛大なものだった。招待客の一人、来日中のフランス軍人で、小説家のピエール・ロチは会場でひときわ目立つ栄子の姿に目を見張った。

「つぎに、わたしの目が好んで引きつけられていきそうな、このグループの最後のひと、それは天皇陛下の式部官に嫁《とつ》いだ、うら若い古い貴族の女性、アリマセン侯爵夫人［栄子のこと。アリマセン侯爵は直大の仮名］である。今年の冬の流行に従って、道化役者ふうの髷《まげ》にたかだかとゆい上げた漆黒の髪。小さな愛らしい子ネコのような、美しいビロード色の目。象牙のしゅす［繻子］をまとったルイ十五世式の装い。日本とフランス十八世紀とのこの合金は、トリアノン宮におけるようなジュープ・ア・パニエ（わがね［輪金］で、張りひろげられた十八世紀のスカート）や細くしまった胴着《どうぎ》をつけたこの極東の優しい佳人《かじん》に思いがけない効果を与えている」（村上菊一郎訳『江戸の舞踏会』）

鹿鳴館時代の栄子について娘の伊都子はこう述べている。

「母上は髪を三つあみに編《あ》んでパリで作らせたつばの広い帽子、裾《すそ》の広い洋服、イタリア製の靴などを身につけるのです。子供心に美しいお母様と思ったものです」（『三代の天皇と私』）

たしかに当時の栄子の写真を見ると、小顔で優しげな美人である。娘の伊都子もこの母の美貌を受け継ぎ、のちに皇族随一の美女と評された。

だが、あまりに庶民感覚とかけ離れた鹿鳴館の「欧化狂態」が外部に漏《も》れ伝わってくると、世間から強い批判が湧《わ》き起こり、次第に活動は下火となっていった。明治二十年六月十日付の「東京日々新聞」は「自今《いまより》鹿鳴館に於て開く舞踏会は廃止せらるるべし」と報じている。

「鹿鳴館」後の栄子は、活躍の場を社会慈善事業に移し、大日本婦人教育会会長、日本赤十字社篤志《とくし》看護婦人会会長、愛国婦人会理事などを歴任する。とりわけ日本赤十字の発展に尽くしたことから、「東洋のナイチンゲール」などと呼ばれた。

若くして世を去った胤子と、再婚で嫁いできた栄子、二人はともに伝統を何より尊《とうと》ぶ公家の家庭に育ちながら、新しい世の流れに自ら進んで身を投じ、時代の先頭を走る女性として輝き続けた。

「洋食の美味、洋服の便に心酔《しんすい》する位《くらい》の品」

同様に彼女たちの夫である直大も、時代の転換期に早々と日本から海外へ飛び出し、最新知識を吸収し、国際感覚を磨《みが》いたことが、その後の輝かしい人生へと繋《つな》がった。もっとも彼がこのような「転身切符」を手に入れることが出来たのは、大名というかつての支配階級、特権階級に属していたからこそであり、新しい時代も初めから恵まれた「勝ち組」でのスタートだった。

こうした直大については肯定的評価がある一方で、しょせんは苦労知らずの「お殿様」に過ぎなかったとする声もあった。公家出身で、直大と同じ頃、駐露《ちゆうろ》公使を務めた柳原前光《やなぎわらさきみつ》はこう評している。

「[直大は] 畢竟《ひつきよう》[つまるところ] 真の御大名様にて政治とか処世の術とか知る人に無之《これなく》、只《ただ》洋食の美味、洋服の便に心酔《しんすい》する位《くらい》の品故《ゆえ》、職格《しよくかく》の軽重、忠告の可否を識別《しきべつ》するの量[度量] なく……」

たしかに表面は西欧風の価値観を理解する近代的知識人に変身したかのように見えても、

骨身《ほねみ》に染《し》みついたお殿様気質をどこまで払拭《ふっしょく》出来たのかは疑わしい。その責任の一端は周囲の者たちにもあり、旧幕時代の意識を切り替えることなく、どこまでも直大を「旧藩主」や「元お殿様」として崇《あが》め、接し続けたことによる。

蓄妾《ちくしょう》の実例に挙げられる

明治三十一年（一八九八）、黒岩涙香《くろいわるいこう》の主宰する日刊紙「萬朝報《よろずちょうほう》」は、各界の著名人の「妾《めかけ》情報」を実名入りで公表し、世間をあっと言わせた。

文明開化が叫ばれても、旧習は容易に改められるものではなく、社会的地位があり、経済的にも余裕のある男たちの間には、妾を抱《かか》える風潮が依然として残っていた。そこで同紙は「蓄妾《ちくしょう》の弊風《へいふう》（妾を抱えるという悪い習慣）」の一掃を訴えるためという名目で、同年七月七日から九月二十七日までの約三カ月にわたって「弊風一斑《いっぱん》［一部］蓄妾の実例」と題し、あわせて五百十人に関する「妾情報」を連載した。その中に鍋島直大も含まれていた。

「麹町区永田町二丁目一番地、鍋島侯爵は佐賀県佐賀郡水ヶ江《みずがえ》村百七十一番地、大木益知《おおきえきち》の二女朝千代を妾とし、貞次郎（十二）、孝三郎（十一）、俊子（九）、哲雄（四）四人の

庶子《しょし》を挙げ、今尚《なお》邸内に置く」

直大が栄子以外の女性との間に四人の子供をもうけていたことは公然の事実で、栄子もあえて騒ぎ立てず、これらの子供と実子とを区別することなく愛情を注《そそ》いで育てたため、世間からは「賢夫人《けんぷじん》」と評されたという。

元大名が明治になっても側室を抱えていたのは直大に限ったことではない。「家」問題に詳しい社会学者、森岡清美《もりおかきよみ》の『華族社会の「家」戦略』によると、明治十一年（一八七八）の『戸籍草稿』をもとに華族社会における蓄妾（ただし森岡は「娶妾《しゅしょう》」と表現している）の実態を分析したところ、武家華族（旧大名）の場合、全二百八十五戸のうち、半数以上の百五十九戸が妾を抱えており、「娶妾率」は約五十六パーセントであった。

これを爵位別にみると、島津《しまづ》、毛利《もうり》、徳川など公爵が百パーセント、以下、直大のような侯爵が約八十五パーセント、伯爵が約七十七パーセント、子爵が約五十一パーセント、そして男爵が約四十六パーセントと、爵位が高くなるにつれ、妾を抱えている率も高くなる。爵位は旧幕時代の現高《げんだか》（租税収入）が基準になっていたから、裕福な武家華族ほど蓄妾が可能だったということだろう。

「萬朝報」には、もう一件鍋島家に関する記事が載《の》っている。それは直大と最初の夫人胤子との間に生まれた長女朗子《さえこ》にまつわる話である。

明治十九年（一八八六）、朗子は加賀金沢藩の最後の藩主前田利嗣《まえだとしつぐ》（当時二十八歳）から是非とも後添《のちぞ》えにと結婚を申し込まれる。利嗣はかつて肥前平戸《ひらど》藩の最後の藩主松浦《まつら》詮《あきら》の長女宣子《のぶこ》と結婚したが、同十七年に離縁していた。このため前田家では各方面に手を回して名家の後妻に相応《ふさわ》しい良縁を求めていたところ、鍋島侯爵家に十六を迎えたばかりの才色兼備の娘がいると聞き及び、これ以上の縁談は望むべくもないとして、早速申し入れた。直大と利嗣は岩倉使節団の随行留学生仲間でもある。すると朗子は両親（直大と栄子）に対して、こう述べたという。

「たとえ高位高官の人に非《あら》ざるも、妾を蓄えざる人に嫁して苦楽を倶《とも》にする［の］が一生の望みなり。今もし前田侯にして生涯妾を持たざることを誓わるるならば喜んで［婚姻の申し出を］承諾すべし」

いじらしい娘心である。今の世なら当然過ぎる答えである。これに対し、何としてでも、この縁談をまとめたい前田家側は朗子の言い分を否定する理由もなく、「［前田］侯爵は生涯妾を持たざることを堅く誓約し」、華燭《かしょく》の典《てん》にこぎつけた。

翌年、朗子は女児を出産するが、その後は子宝に恵まれなかった。世継ぎの男児誕生が望めぬことが原因だったかどうかは不明だが、結婚から十一年後の明治三十年（一八九七）、利嗣はついに朗子との約束を反故《ほご》にし、中山田《なかやまだ》さだという二十歳の娘を妾として抱える。

「［さだは］今や前田家に在りて侯爵の寵《ちょう》を受け入れども、夫人朗子には勿論《もちろん》深く秘《ひ》しありとぞ」（『萬朝報』）

最後の「深く秘しありとぞ」という表現が何とも意味深長《いみしんちょう》である。

2章　安芸広島藩藩主→イタリア駐在公使

浅野長勲

Nagakoto ASANO

洋行経験なく、外交官生活も二年で終了

広島から東京へ

鍋島直大の後任のイタリア駐在公使もまた元大名である。外様《とざま》の大藩《たいはん》、安芸《あき》広島藩四十二万六千石の最後の藩主、浅野長勲《あさのながこと》である。長勲は支藩の広島新田《しんでん》藩主から本藩の藩主長訓《ながみち》の養嗣子《ようしし》となり、明治二年（一八六九）一月に二十六歳で家督を継いだ。その時期は版籍奉還が実施される半年前であるから、厳密に言えば、大名としての在任期間はほんのわずかであったが、長勲は藩主に就任する前から実質的に藩政を取り仕切っていた。

広島藩は幕末の早い時期から尊皇の旗色を鮮明にし、長勲は藩主に代わって京都に赴《おもむ》き、薩摩、長州、土佐など西南諸藩の志士たちに交じって大政奉還、王政復古の実現に向け奔走した。また藩論を倒幕にまとめ、鳥羽《とば》・伏見《ふしみ》の戦いでは敗走する幕府軍を追撃したり、中国地方の諸藩を官軍側へ加わるよう説得したり、さらに戊辰戦争では江戸や東北方面に藩士を出兵させるなど積極的に動いた。

本来なら広島藩はこうした活躍ぶりから、「薩長土肥」ならぬ「薩長芸」と評されてもおかしくなかったが、新政府ではさして重く処遇されることもなかった。その理由については、武力討幕を主張した薩長と盟約を結んでおきながら、土佐藩が大政奉還の建白書《けんぱくしょ》を幕府に提出すると、広島藩もこれに同調する動きを見せたため、薩長から「裏切り行為」とみられたことによるとされる。それでも新政府が誕生すると、長勲は議定《ぎじょう》という高官に任じられている。

明治四年（一八七一）の廃藩置県により広島藩知事を解かれると、長勲は東京に出てわが国初の洋紙製造会社「有恒社《ゆうこうしゃ》」を設立する。「一家生産の業を立てん」ためで、単なる金儲けではなく、社会や国家のために役立つ事業として洋紙製造を選んだ。

四万二千両もの巨費を投じてイギリスから最新の紙漉《す》き機械を輸入し、操業を始めたが、当時わが国にはまだ洋紙需要はなく、業績はしばらく低迷状態が続く。やがて辛抱《しんぼう》した甲斐《かい》があって明治九年（一八七六）、大蔵省紙幣寮《しへいりょう》から証券や印紙用の原紙の大量発注が舞い込み、さらに西南《せいなん》戦争を機に新聞の発行部数が急増したことが追い風となって、社業はようやく上向きに転じた。

そんな折、明治十三年（一八八〇）末、長勲は元老院議官に任じられる。元老院とは、旧知藩事（大名）や政府高官経験者らで構成された明治初期の立法機関で、旧法の改定と新法の制定を目的としていたが、行政の最高機関である太政官《だじょうかん》からの干渉や内部対立などもあり、十分機能を果たし得ないでいた。

元老院議官となって一年が過ぎた明治十四年の暮れ、長勲は当時外務卿の職にあった長州藩出身の実力者、井上馨と面談する機会があった。その席上、長勲は井上から思いも寄らず、次期イタリア駐在公使を打診される。当日のことを長勲は後年、次のように述べている。

「余曾《われかつ》て元老院議官在職の時、井上外務卿に面会の折柄《おりがら》、余に向《むか》って洋行の望みはなきやと尋ねらる。余、其望みなきにあらずと答ふ。其《そ》れが実現して特命全権公使に任ぜられ、伊太《イタ》利《リー》国駐剳《ちゅうさつ》〔駐在〕仰付《おおせつけ》らる」（『維新前後』）

長勲はさらりと述べているが、井上との間で交わされたやりとりを再現してみると、おそらくこんなことではなかったか。

（井上）「たしか浅野公は洋行のご経験はなかったはずですな」

（浅野）「いかにも。外務卿もご存知《ぞんじ》の通り、若い頃は攘夷一辺倒で、外国へ行くことなどゆめゆめ思いもしませんでしたが、新時代を迎えてからは井の中の蛙《かわず》であってはならぬと頭を切り替え、洋行してみたいと思うようになりました。しかし残念なが

晩年の浅野長勲。宮中に参内するところ
（日本電報通信社撮影　共同通信社所蔵）

井上馨（国立国会図書館所蔵）

ら未だにその機会を得ず、今日に至っております」

（井上）「なるほど。貴公がこれまで国家のために一方《ひとかた》ならず尽力してくれたことは誰もが認めるところで、大いに敬服しておるところです。そこで貴公におかれては、この際、一度日本を離れ、海外の実情をじっくり見て来られてはいかがかと思いましてな。もし貴公がお受けいただけるのなら、鍋島公の後任のイタリア国の特命全権公使をお願いしたいと考えておるのだが、いかがであろう」

（浅野）「えっ、なんですって、わたしにイタリア国の公使ですって。イタリア国っていうのは、たしか長靴のような形をした国ですな。藪《やぶ》から棒の話で、心臓が縮み上がりましたよ。なにゆえにわたしのような者をイタリア国へとお考えになったのか、お聞かせ願いたい」

（井上）「ごもっとも。鍋島公にはかつての諸侯の中で、初めて全権公使としてイタリアへ行っていただいたが、職務に精励されているのはもちろん、ご夫妻で現地の人たちと幅広く交際し、評判も上々と聞いております。が、二年近くが経《た》ち、そろそろ日本へお戻りいただこうかと考え、その後任として誰か適当な人物がいないか、思案していたところです。つきましては是非とも貴公にその後任をお願いしたいと思った次第で……」

（浅野）「はあ……。しかし驚きましたな。洋行をしたこともないわたしに、そのような大役が果たして務まるものやら……」

（井上）「ご心配は無用です。外国へ行っても人間が相手の仕事です。〝至誠《しせい》天に通ず〟（何ごとも誠心誠意やれば、よい結果は付いてくる）の精神で事に当たれば、問題などありません。イタリア国とわが方とは、これから時間をかけて親密な関係を築いて行く段階です。焦《あせ》らずにやってください。要は外から一度、日本を眺めてみることが重要なんです。

ご存知だとは思いますが、自分は文久《ぶんきゅう》の頃、今思えば若気の至りで国禁を破り、長州の仲間五人とイギリスへ密航留学しました。もっともその時はわずか半年足らずで俊輔《しゅんすけ》（伊藤博文《いとうひろぶみ》）と日本へ舞い戻ってしまったので、とても現地で勉強したなどと大きなことは言えませんがね。ハハハ。

そこで先年、改めて欧米を巡歴いたし、各国の実情を詳しく見て来ましたが、まさに〝百聞は一見にしかず〟、学ぶところが多く、実に有益な旅でした。

貴公もこの機会に一度、海外の務めをご経験されれば、帰国した暁《あかつき》にはそれまでとは違った視点に立って国家のためにご貢献なされること請《う》け合いです。いかがですかな」

　こうして井上から単なる視察旅行ではなく、イタリア駐在公使という大きなポストを提示された長勲はその時、ある人物の顔が頭をよぎった。元老院議長の佐野常民である。当時、長勲は元老院内で佐野とそりが合わず、気の晴れぬ日々を送っていた。この際イタリア行きを受け入れれば、佐野と顔を合わせることもなくなるし、ひょっとして人生の大きな転機になるかも知れぬと思い、井上には前向きに考えたい旨を伝え、この日は別れた。

　長勲にとって佐野との確執《かくしつ》は別としても、元老院そのものについて疑問を抱くようになっていた。というのは、この頃になると元老院は、当初の目的から外れ、議官たちにとって次の役職を得るまでの待機ポスト的な色合いが強まり、活気が失われていたからである。このため長勲はかつて「攘夷だ」「倒幕だ」と、日夜心が騒いでいた時代が懐かしく思えるほど、刺激に乏しい日々を送っていた。

　そんな折、井上が自分の過去の行動を評価し、同時に現在の職務に鬱屈《うっくつ》とした思いを抱いていることを察したうえで、次なるポストを用意してくれたのかと思うと、胸が熱くなった。

だが長勲の思いとは別に、こんな裏事情があったとされる。それは時の右大臣岩倉具視が佐野から「浅野という人間はどうにも扱いにくいので、何とかしてほしい」と直訴され、妙案がないかと頭を痛めていたところ、井上からイタリア駐在公使の鍋島が交代期にあり、その後任の人選を進めているとの話を耳にした。そこで岩倉は井上に事情を話すと、浅野を充ててもよいとのことだったため、決定したというものである。もちろん井上の頭の中に、浅野を腐らせぬよう、どこか別のポジションで遇《ぐう》してやらねばという思いもあったと思われる。

幕末・明治初期の海外渡航事情

時代が明治に移ると、日本人の海外渡航熱はにわかに高まり、旧大名の間でも欧米へ留学を志す者が相次いだ。

これは明治四年（一八七一）一月、皇族と華族の海外留学はすべて官費として扱うとの措《そ》置《ち》がとられ、さらに同年十月には華族に対し、海外へ赴いて修学することを奨励する勅諭《ちょくゆ》が出されたことによって拍車《はくしゃ》がかかった。明治政府は華族を皇室の藩屛《はんぺい》（周囲にあって守護するもの）と位置づけ、国民の「指導的階層」に育てるため、彼らが率先して海外の進んだ学問を学び、国家の発展のために尽くすことを期待したのである。

『近代日本の海外留学史』（石附実著）によると、明治元年から同七年の間に海外留学へ向かった皇族、公家華族は二十九名、大名華族は三十九名のあわせて六十八名にのぼったという。

日本人の欧米留学は、幕末に密航という形で始まった。その第一号は先に述べたように井上馨や伊藤博文ら長州藩の五人の若者たち、いわゆる「長州ファイブ」で、まだ海外渡航が禁じられていた文久三年（一八六三）五月、在日外国商人の協力を得て横浜からイギリスへ向かった。

続いて元治《げんじ》二年（一八六五）三月、薩摩藩の十九名が同じくイギリスへ、さらに佐賀、広島、金沢など諸藩からも密航留学生が出た。広島藩からイギリスへ密航したのは、野村文夫《のむらふみお》（のちの村田文夫）という長勲の先代藩主に重用された学問好きの人物で、長勲も彼とは面識があったと思われる。

慶応二年（一八六六）四月、幕府が学業と商用目的に限り、海外渡航を解禁すると、向学心に燃える幕臣や諸藩士らが競うように留学許可を得て海を渡った。新政府誕生後に欧米へ派遣された外交官の多くは、こうした幕末から明治初期にかけて海外留学を経験した者たちであった。

長勲は、イタリア行きを受諾したものの、改めて考えてみると、自分は留学どころか、一度の洋行経験すらない、むろん外国語の素養もない。まして外交事務や交渉に関わったこともない。まさに「ないないづくし」である。

そんな自分をなぜ井上卿は外国へ派遣しようと、思ったのだろう。何か別の思惑《おもわく》があったのではないか。あれこれ思いを巡らせると、長勲はたまらなく不安に襲われた。と言って、今さら岩倉や井上に辞退を申し出るわけにもいかない。「ええい、こうなったら、覚悟を決めてやるしかない」と、気持ちを奮《ふる》い立たせるのだった。

明治十五年（一八八二）三月二十日、太政官より長勲に対し、正式にイタリア在勤の辞令が交付された。

求められる変化

日本を離れるのは三カ月先の六月半ばと決まった。翌日から早速、外交官として必要な心得や知識を学ぶ一方、洋行経験者から外国暮らしについての助言を得るなど準備に取りかかった。現地の最新情報も知りたかったが、鍋島の帰国を待ってからでは遅い。

自分のこともさりながら、長勲が最も心配したのは、同行する妻のことである。外交官は赴任先に妻を同伴することが通例で、現地では夫人の果たす役割が大きいと聞いていたからである。

ちなみに日本人外交官として最初に任地へ妻を同伴したのは、明治六年（一八七三）、オーストリア駐在の二等書記官を命じられた渡辺洪基《わたなべひろもと》（旧越前《えちぜん》福井藩士）で、新妻の貞子《さだこ》を伴なってウィーンに赴任した、渡辺は外務省に入省した時から、いずれ海外へ赴任する際には妻を同伴することを想定し、明治四年、婚約中の貞子を横浜在留の外国人のもとへ遣《つか》わし、英語とドイツ語を学ばせている。

長勲の耳には鍋島夫人の現地での活躍ぶりが届いていた。となれば、わが妻にもそれなりの心構えをしてもらわなければならない。ところがその妻とは、土佐藩の十三代藩主山内豊熙《やまうちとよてる》の四女、綱《つな》姫（のちに綱子と改名）で、生まれながら多くの侍女に囲まれながら「蝶よ、花よ」と大事に育てられた苦労知らずの「お姫様」であった。

そんな彼女が思いも寄らず、夫に従って文化や生活習慣のまったく異なる未知の国へ赴き、一国を代表する外交官の妻として振《ふ》る舞《ま》わなくてはならぬ立場に置かれるのである。

そもそも藩主時代には夫婦がそろって公式の場に出掛けることなど皆無であった。長勲は大名時代の夫婦関係について次のように述べている。

「大名の正妻は江戸に置いて、国へ連れて往《ゆ》くことは出来ないのである。全く人質にされた形である。（中略）大名の夫婦関係は頗《すこぶ》る厳格であって、妻の側には、老女及び若年寄とが常に付随して居る」（浅野長勲口述『浅野長勲自叙伝』）

幕府の定めた参勤交代制度により、大名は一年ごと（文久二年以降は三年ごと）に江戸と領国を往復し、妻子は常に江戸暮らしと定められていたから、大名夫婦が常に同じ屋根の下で暮らすわけではなかった。また大名が江戸在府《ざいふ》となり、同じ屋敷内に暮らしても、長勲の言うように殿様、奥方の双方に小姓や老女が四六時中、傍《かたわ》らに付き添って世話を焼くから、夫婦水入らずで過ごす時間などほとんどなかった。

その意味でかつての「お殿様」と「お姫様」にとって外国行きは、旧習から解放され、初めて夫婦らしい関係を構築する機会になるはずだった。

欧化政策の推進役となった井上馨《いのうえかおる》夫人

公使夫人となる綱子にとっては、やはり女性として現地で身に着けるドレスや装飾品、靴、髪形、化粧法などが気になってならなかった。彼女は誰に助言を求めたのであろうか。おそらく相談相手の一人は、長勲にイタリア駐在公使を打診した井上外務卿の夫人武子《たけこ》だったかも知れない。

何せ武子は明治九年（一八七六）から二年間、夫に従ってアメリカとヨーロッパを巡り、帰国すると、それまでとは別人のように髪形から爪先に至るまで西欧仕込みの最先端ファッションでまとめ、あわせて洗練された立《た》ち居《い》振る舞いが、顕官《けんかん》（高官）夫人たちの間で評判となっていた。

記録によると、武子の変身はアメリカへ向かう船の中から始まった。船内で知り合ったアメリカ人女性から英語の手ほどきを受け、西洋式ファッションとマナーを学んだ。武子は早速丸髷《まるまげ》を解き、外国人女性のように束髪《たばねがみ》に結《ゆ》い直している。

また武子は旅先でドレスであれ、帽子であれ、気に入ったものがあれば、次々と買い込み、パリ・シャンゼリゼの最高級の宝飾店では一カラットのダイヤモンド・リングを買い求めた。武子は日本人で最初にダイヤモンドを身に着けた女性とされ、唇には当時の日本女性としては珍しくルージュを塗っていた。日に日に洋風化する妻の姿に夫の井上は目を細め、満足げだったという。

明治十二年（一八七九）七月、前アメリカ大統領ユリシーズ・グラントが来日し、歓迎の夜会が催された際の武子の装いについて、当日招かれた勝海舟《かつかいしゅう》の三男の妻で、アメリカ人のクララ・ホイットニーは次のように記している。

「外務卿の井上馨夫人はクレープデシンの美しいイブニングにピカピカのダイアモンドのブローチ、首飾り、腕輪、指輪をしたすごく豪華な装《よそお》いだった」

（一又民子訳『クララの明治日記』）

明治の世になってわずか十年余、新たに誕生した「上流階級」の夫人たちは武子に限らず、高価な欧米ファッションを競って採《と》り入れ、政府の推し進める欧化政策の一翼を担《にな》うようになった。綱子は彼女たちからどんなアドバイスを受けたのだろうか。

夫人を日記で「妻」と書く

連日、送別の宴が開かれ、長勲は休む間もなく出発日を迎えた。彼はなかなかの筆まめで、日本を出発してから帰国するまで、『海外日録』と題する精密な日記を残している。

「明治十五年六月十八日（雨）
　伊太利国駐箚特命全権公使の命を奉じ、午前七時十五分、妻と共に出発す。随行者は外務省書記官田中建三郎《たなかけんさぶろう》、外務書記生市来政方《いちきまさかた》、従者石川完治《じゆうしやいしかわかんじ》、山田貢一郎《やまだこういちろう》。新橋《しんばし》停車場に至り、楼上に休憩す」

なおここに記されていないが、夫人にも侍女が一名同行した。
長勲は日記の中で、綱子のことを「妻」と記しているが、目新しく映る。果たして明治の初め、お殿様出身の夫が連れ合いのことを「妻」と表現していたのだろうか。その一方で、お供の者については旧来の「従者」という言葉を用いている。
江戸学の泰斗《たいと》、三田村鳶魚《みたむらえんぎよ》が晩年の長勲へインタビューし、その中で「大名生活の中で相手を呼ぶ時にどうするのか」と尋ねている。

「夫から妻に対しては、名を呼びます。子供や臣下から私の妻を呼ぶ時は御前《ごぜん》様です。隠居の妻は大御前《おおごぜん》様というのですが、旧幕から降嫁《こうか》された方に対しては一般に御住居様と申しておった。妻から夫を呼ぶ時は殿様という。私が臣下に対して妻のことを奥と言う」

ローマへの遠い旅路

当時、浅野家の本邸は現在の千代田区永田町にあり、夫妻はここから馬車で新橋ステーションへ向かった。たいした距離ではない。この日は有栖川宮熾仁《ありすがわのみやたるひと》親王も同じ船でヨーロッパへ向かうことになっており、駅構内は見送り客や警備の者たちでごった返していた。長勲一行は同親王らとともに特別仕立ての汽車で横浜へ向かい、午前十時、フランスの郵便船タナイス号で日本を離れた。

この時、長勲は働き盛りの四十歳、綱子は三十七歳、二人の間に子供はいなかった。結婚して十一年が経っていたが、それまで二人で旅をしたことなどないから、長い船旅の間をどのように過ごしたのであろうか。

香港《ホンコン》で別船に乗り換え、サイゴン（ベトナムの現ホーチミン）、シンガポール、コロンボ（ス

もとあった場所に復元された明治時代の新橋ステーション駅舎。ここが当時の外交官たちの長い旅程の出発点となった

リランカ)、アデン(イエメン)に寄港したあと、スエズ運河を抜けて地中海に入り、ナポリには八月二日に到着した。日本から四十五日を要した。波止場ではローマ駐在の斎藤桃太郎《さいとうももたろう》書記生が一行を出迎えた。斎藤は新旧公使の交代に伴なう空白期間、館務取り扱い、つまり公使館の留守番役を務めていた。

同じ船で到着した有栖川宮とは波止場で別れた。宮様の一行は宿泊先である、かつてのナポリ王の離宮へ向かい、長勲らは市内のホテルに入った。そのあとナポリの町を遊覧し、海に面した景色のよいレストランで食事を摂《と》ったが、なんと牡蠣《かき》料理が出てきて、長勲を喜ばせた。かつての領国、広島は牡蠣の本場である。

「其《そ》の食事は我国の料理に彷彿《ほうふつ》たるものにして、生の牡蠣に酢をかけて出したるなど、極めて珍らしかった」(『浅野長勲自叙伝』)

さぞや日本のことを思い出しながら味わったことであろう。

当地には二泊して船旅の疲れをとり、ローマへ向かった。

「八月四日（晴）
三時四十五分、汽笛一声、まさにナポリを発す。十時二十五分、ローマ停車場に達す。公使館より馬車をもって迎ふ。直《ただ》ちに駕《が》して着館す」（『海外日録』、以下同）

当時、ナポリとローマ間は汽車で七時間近くも要したのである。

夫婦とも最初の仕事を無事務める

ローマ入りした翌日、長勲は早速動き出す。イタリア外務省へ出向き、外務次官に明治天皇からの国書をイタリア国王に捧呈《ほうてい》したい旨を申し入れる。すると同次官はこの時期国王夫妻は避暑のため、ヴェネチア（ベニス）の離宮に滞在しているので、そちらを訪ねてほしいと答えた。長勲は公使館に戻ってヴェネチア行きの準備を整え、その夜のうちに慌ただしくローマをあとにした。

「本夜十一時此地《この》を発し、ベニスへ向かう。田中書記官随行する。但《ただ》し妻はローマ公使館に留守せり」

国王に拝謁したのはヴェネチアに着いた翌日の午後で、離宮にてウンベルト国王へ天皇からの国書を捧呈した。この夜、国王夫妻主催の晩餐《ばんさん》会に出席、親しく言葉を交わした。とくにマルゲリータ王妃陛下との会話について、長勲は次のように記している。

「其の時に皇后陛下に向って、仏語でお話をすると直《す》ぐに仏語で御答えになり、英語でお話すると英語で御答えになる。承《うけたまわ》る所に依ると、五箇《か》国の語に通じて居られ、日本語も少しは出来ると云い、洵《まこと》に賢明な御方であります」

どんなやりとりがあったのかは不明だが、長勲がフランス語や英語を口にしたとは思えないから、同行の書記官が通訳したのであろう。

ホテルへ戻ると、ローマから電報が届いていた。長勲の不在中に有栖川宮がナポリからローマに入り、公使館を訪れたので、綱子が丁重に応対したという報告であった。

「妻迎えて茶菓を呈す。同夜、妻は殿下より招喚《しょうかん》により、殿下の旅館［王宮の内］に参殿す。晩餐に陪食《ばいしょく》［身分の高い人の食事に同席すること］し、九時に退殿せり」

綱子が、夫に代わって気の重い役割を無難に果たしたようである。

ローマに戻った長勲は、イタリア政府の要人や各国の駐在外交官らを歴訪し、着任の挨拶を一通り済ませた。しかしこのあとの日記を読むかぎり、日々公務に追われたわけではない。夫妻は「世界古物博物館」と称されるイタリア各地を訪れ、遺跡をはじめ、博物館や美術館を巡ったり、芝居見物やローマ市内や郊外の公園散策を楽しみながら過ごしたとある。

鍋島時代と同様、日本とイタリアの間には、緊急に解決せねばならない懸案がなく、長勲公使の最大の仕事は友好親善に努めることと言ってよかった。

それゆえ任命者は、交際費が不足しても潤沢《じゅんたく》な私財で補《おぎな》えるお殿様出身者なら、うまくやってくれるだろうと判断したのか、あるいは元大名を「ご褒美」や「訳あり」で派遣する先としては、素人外交官でも勤まる懸案のない国がよかろうと考えたのか。長勲の二代あとの公使にも水戸《みと》徳川家の当主である徳川篤敬《あつよし》が任用されている。鍋島、浅野、徳川と、初期イタリア駐在公使のポストは、まるで元大名たちの「優先席」であったかのようである。

長患《ながわずら》いと従者《じゅうしゃ》の死

イタリアに来て二カ月余りが過ぎた頃、長勲は体調を崩して寝込む。

「頃日《けいじつ》［近頃］、身体例《れい》ならざるを覚えしが、本日より一層の不快を増し、寝床につく。夜半熱発、甚《はなは》だ困難す」（十月二十九日）

再三、医師の来診を仰《あお》ぎ、翌月末まで公務を中断する。何の病気かは不明だが、看護の者がしばらく公使館に泊まり込むほどだった。

ようやく体調が回復し、公務に復帰したのは十二月に入ってからである。公使がこれほど第一線を離れていても支障がないのだから、当時の両国関係が想像出来よう。

この頃から綱子も公使夫人として動き出す。

「妻、王宮に参殿し、初めて皇后陛下に謁見す」（十二月二十八日）

「妻初めて各国大使及び公使の内室［夫人］を訪問す」（二十九日）

「［明治］十六年年賀の為、妻と共に王宮に参殿し、両陛下に謁見す」（三十一日）

当時イタリア王室では、大晦日《おおみそか》の三十一日に駐在外交団から年賀挨拶を受けることになっており、長勲夫妻も国王夫妻に謁見し、言葉を交わした。綱子はローマに来てから語学教師を雇い、イタリア語や英語のレッスンを受けていたから、片言《かたこと》の会話も出来るようになっていたと思われる。年が明けると、今度は国王主催の新年の晩餐会があり、夫婦で招かれた。

その頃、日本から長勲の従者として当地に来ていた山田貢一郎が病死する。山田の葬儀はカトリックの儀式にて行なわれ、当地の墓地に埋葬された。

明け方まで続く舞踏会

ローマで人脈の輪が広がるにつれ、長勲夫妻は午餐《ごさん》(ランチ)会、晩餐会、舞踏会などへ出席する機会が急増した。とくに各国の外交官との間では「招いたり、招かれたり」の晩餐会が頻繁に繰り返され、その場合、先方でお国料理が供されるため、こちらもお返しに日本料理でもてなさざるを得なかった。

だがその頃、鍋島夫人も苦労したように、ローマでは日本食材が手に入りにくかった。味噌、醤油、清酒などは定期的に日本から船便で送ってもらっていたからまだしも、それ以外の食材集めには頭を痛めた。また調理についても、現在なら主要国の大使館には日本人の専属コックが常駐しているが、当時、公使館には綱子と侍女のほかに日本人女性はいなかった。

夫妻がローマ滞在中に経験した最も華麗なパーティと言えば、一月末から始まるカーニバル（謝肉祭）の期間中に王宮で開催される舞踏会である。会場の豪華さ、出席者の数とその顔ぶれ、女性たちのきらびやかな衣装など、どれ一つとっても当時イタリア社交界で最も格式ある催しとされ、当日妻と招かれた長勲の日記には「金、光、玉、華、燦、絢、爛、美、麗、輝」などの文字が躍《おど》っている。

当夜は午後十時三十分、国王と王妃が現われると同時に、舞踏会が始まる。ダイヤモンドをふんだんに鏤《ちりば》めたドレスに身を包んだ王妃陛下が、駐在外交団の団長であるイギリス公使と、まず最初に踊り、そのあと男女一千二、三百人が一斉《いっせい》に続く。日付が変わり、午前二時に立食タイム、午前三時にラストダンスの音楽演奏が始まる。

かつてのお殿様、お姫様カップルはどのような舞を披露したのだろうか、またどのようにしてそれを覚えたのであろうか。

着任七カ月が過ぎた三月末、長勲夫妻は初めて日本公使館で夜会を主催し、三百名を越える招待客を迎えた。

「満堂《まんどう》ことごとく芳花《ほうか》を以《もつ》て装い、廊上《ろうじょう》に吾《わ》が国の球燈［提灯《ちょうちん》のことか］を掲《かか》げ以て来賓を待つ。（中略）十一時三十分、踏舞始む。客皆歓《かん》を尽くし、踏舞暁に至る」（三月二十八日）

この日の舞踏会は明け方まで続いた。公使夫妻による夜会は翌年の同じ時期にも開かれ、前年よりさらに盛況であった。

こうした社交の機会を重ねるにつれ、かつてのお殿様とお姫様はヨーロッパの交際流儀にも慣れ、それを楽しむ余裕も生まれた。いつしか日本国の全権公使とその夫人としての振る舞いも板についてきた。

イタリア滞在中に撮った浅野夫妻の写真が残っている。写真館で何かの記念日にでも撮ったのだろうか。二人とも洋装で椅子に腰を掛け、右側の綱子は斜め前方を見ている。左側の長勲は正面を振り向くようなポーズである。綱子は頭に赤ん坊の帽子のようなものを被《かぶ》り、アゴの下で結んでいる。ウエスト部分がキュッと締まった総レースのドレスを着込み、手に

イタリア滞在中に撮影したと思われる長勲と綱子
（「直球感想文 和館」より転載）

は房の付いた扇を持っている。一方の長勲はきれいに撫《な》でつけた頭髪、鼻の下には立派な八字髭《じひげ》を蓄え、びしっとスーツできめている。写真を見る限り、二人に過ぎし日の面影はうかがえない。

その後も長勲の日々に大きな変化はない。相変わらず王宮行事、夜会、晩餐会が続き、その合間《あいま》を縫い、綱子を同伴して五十日に及ぶ欧州七カ国歴訪や国内の小旅行、避暑などで、たびたびローマを留守にしている。前任の鍋島公使と同様にこれらの経費がすべて公費で賄《まかな》われたとは思えず、浅野家からかなりの金額が補塡《ほてん》されていたことは疑いない。

暇だった外交官生活

長勲が友好親善活動以外で行なった公務と言えば、時の外務大臣マンチニーや各国の外交官との定期的な情報交換と時折国会で議論を傍聴することくらいで、取り立てて気の張るものではなかった。それ以外で長勲が在任中に力を入れて取り組んだ案件があるのか、『日本外交文書』(外務省編纂)をひもといてみた。

そこに掲載されている長勲と本省との間で交わされた電信文や報告書類はわずか十件ほどで、イギリスやフランスとのあいだのものに比べると、圧倒的に少ない。しかも特筆すべき内容のものはなく、あえて挙げれば、前任者時代からの続きで条約改正問題に関するものが数件、散見される程度であるが、イタリア側との交渉が前進したという形跡はない。

むしろ在任中、長勲にとって気を遣《つか》うことがあるとすれば、それは日本からローマを訪れる要人の応対であったかも知れない。帰国後に少しでも望ましいポストを手に入れようと思うのなら、訪問者に好印象を抱いてもらわねばならないからだ。在任中に現われた大物としては、憲法調査団団長の伊藤博文、陸軍卿大山巌《おおやまいわお》らがいるが、長勲は毎回客人を馬車でローマ市内を案内し、日本料理で丁重にもてなすのを常としていた。

和食が恋しい

ローマ暮らしが一年半を過ぎた頃、長勲は「余は永《なが》らく在勤せし故、度々賜暇《しか》〔おいとまごい〕帰朝《きちょう》を内願致《ないがんいた》せしが、容易に許されず……」（『浅野長勲自叙伝』）と、帰国を切望するようになった。

だが果たしてこれくらいの在任期間を「永らく在勤せし」と言えるのかどうか。またイタリアでの日々の行動を見るかぎり、とりわけ激務に追われた形跡は見られず、体調も着任直後の一時期を除いて崩してはいない。むしろ公使としての立場をフルに利用して滞欧生活を満喫《まんきつ》していたように、わたしの眼には映る。

作家の江宮隆之《えみやたかゆき》はその著『最後の大名　浅野長勲』の中で、帰国に至る経緯を次のように描いている。


「長勲のイタリア生活は瞬《また》く間に過ぎていくのであった。

『舞踏、夜会、晩餐……。何やら疲れてきたな』

長勲は、ローマでの生活の二年目を迎えて、そろそろ日本へ戻りたいという里心を催した。同様に、妻の綱姫もしきりに『和食が恋しい』と言い出した」


よもや妻の和食願望を「賜暇願い」の理由にしたわけではあるまいが、夫妻ともども「帰《き》心《しん》矢の如し」という心理状態にあったことは想像に難くない。やはり職業外交官とは違うお殿様育ちの「甘え」が見え隠れする。

そして待ちに待った朗報が届く。

「夕刻吾が外務省より電報あり、曰《いわ》く帰朝を許されたるにより、山内《やまうち》書記官に代理を命じ

帰朝すべしと」（五月四日）

山内書記官とは部下の山内勝明《かつあき》のことで、彼が臨時代理公使として業務を引き継ぐことになった。全権公使は勅任官のため天皇から叙任されるが、臨時代理公使はあくまでも一時的な繋《つな》ぎのポストだから、外務卿（大臣）の命で就任出来る。長勲は早速、山内を同伴して国王のもとへ挨拶に出向いた。

ローマを離れる日が六月五日と決まり、その日まで連日、外交団や知己友人らを訪ね、帰任挨拶を済ませた。

六月二日、改めて王宮を訪ね、帰国報告をすると、国王は長勲の二年に及ぶ当地での功績を称え、勲一等王冠大綬章を授与した。また出立の日には、王妃陛下に別れの挨拶をしたいという綱子を同伴し、参殿すると、同陛下は自ら腕輪を綱子に嵌《は》めてくれた。

「貴重なる腕輪を以てし、陛下自ら妻の手を取り、親しく腕輪を掛け賜《たま》ひ、親愛の意を表せらるる」（六月五日）

どれも前任者の離任時と同じ対応であった。

このあと夫妻はアメリカを経由して同年九月に帰国する。以後長勲は宮内《くない》省に出仕して華族局長官、さらに貴族院議員を務めるなどしたが、再び外交関係の仕事に就《つ》くことはなかった。つまり長勲の生涯のうち、イタリアに駐在した期間が外交官生活のすべてであり、海外生活のすべてであった。特筆すべき実績を残したわけでもなく、さりとて大きな失点も出さず、殿様外交官としては無難に勤めた二年間と言ってよい。

外交官、お殿様に戻る

この在外経験が彼に何をもたらしたのかについては、本人も書き残していないため不明だが、日本人も若いうちに海外の実情を広く見聞し、最新知識を吸収すべきという教訓は得たようだ。旧藩士の子息たちに資金を提供してイギリスやフランスへ留学させたほか、養子の長道《ながより》と長之《ながゆき》もイギリスで学ばせている。

しかし海外生活を経験し、開明的、進歩的な考えをもつ人間に生まれ変わったかのように見えた長勲も、彼の内なる「殿様意識」は昭和の世になっても消え失せることなく、しばしば時代離れした行動をとることがあった。こんなエピソードが残っている。

イタリアから帰国後、長勲は本邸を本郷区向岡弥生町《むこうがおかやよい》（現文京区弥生二丁目）に移し、八千坪の敷地に部屋数が七、八十もある豪邸を構えた。使用人は全部で約百五十人おり、男はすべて旧藩士だったという。

昭和四年（一九二九）十一月、ここで長勲の米寿を祝う行事が催された。この日、広島などから旧家臣の代表百名が馳《は》せ参《さん》じ、邸内の広い芝生の上で長勲のお出ましを今か、今かと待っていた。

「一同威儀《いぎ》を正して居流れている所へ、時分をはかって大奥から制止の声と共に老侯しずしずと現われ、設けの席について一座をじろりと見廻し、オホンとか何とか言ったのを合図に、一同ハッと礼拝に及び……」（山口愛川著『横から見た華族物語』）

旧藩主の前でひれ伏す旧家臣たち、かつて広島城の大広間で繰り広げられた情景がここに再現される。元イタリア駐在公使もこの時ばかりはすっかり「藩主」に戻って、「家臣」に接している。長勲は手製の「旧臣名簿」を片時《かたとき》も離さず、結婚や死亡など元家来たちの動静をこと細かに記していたという。

この日、浅野の旧臣ではないが、祝いの席に招かれた彫刻家の平櫛田中《ひらくしでんちゅう》は、長勲についての印象を次のように語っている。

「その堂々たる風采《ふうさい》、凜《りん》とした中に温か味を宿すその顔容《かおかたち》、古い言い方だが、威《い》あって猛《たけ》からず、ともいうべく、高齢の貴族など言うはあたらず、芸州《げいしゅう》広島の城主といった方がピッタリした感じと形容すべきでありました」

また孫の長武《ながたけ》は祖父の印象についてこう述べている。

「まあ、祖父というのは、とにかく大名らしい人でしたナ。私など、つまらんことでムシャクシャしてくると、よくおじいさんのところへ行って雑談する。そうすると何だか、怒っていたのがバカらしくなってきて、ああいう気持ちにならないとダメだなと思ったものです」（金沢誠ら編『華族——明治百年の側面史』）

全国の「最後のお殿様」の中で、最も長命となった長勲は「生ける従一位《じゅいちい》様」などと呼ば

真壁庁舎前に建つ石造の浅野夫妻像。
長勲は、八字髭を蓄えている

れたが、昭和十二年（一九三七）二月一日、九十六歳でその生涯を閉じる。妻の綱子は長勲より十八年前の大正八年（一九一九）に世を去っている。

「はじめに」で紹介したように、現在夫妻の大きな石像が桜川市役所真壁庁舎の敷地内に建っている。もともとこの像は同町内にある浅野家の菩提寺伝正寺《でんしょうじ》の境内に置かれていたが、東日本大地震で同寺が被災したため、現在地に移設されたという。

真壁石とも呼ばれる地元産の花崗岩《かこうがん》を使い、のべ五千人の石工の手で三年の歳月をかけて彫られた夫婦像は、綱子が亡くなる前年（大正七年）に完成し、除幕式には長勲も出席している。

背丈七尺（約二・五メートル）の夫婦像は、三メートルほどの台座の上で、筑波山を左手に見ながら町の守護神のように建っているが、今、立ち停まって見上げる人はほとんどいない。真壁の人たちも二体の石像が浅野家ゆかりの人物とまでは知っていても、鼻の下に八字髭を蓄えた〝おとぼけ顔〟の男性が、その昔広島のお殿様で、外交官に抜擢され、イタリア駐在公使を務めたことや、横に並ぶ〝垂れ目顔〟の女性が土佐の大名家から嫁いで来た元お姫様であるということまで知っている人たちは、どれほどいるだろうか。

3章　美濃大垣藩藩主→オーストリア駐在公使

戸田氏共

当代一の美人妻が醜聞《スキャンダル》に見舞われる

Ujitaka TODA

一対の墓石

東京大学農学部キャンパスの北側に位置する文京区向丘《むこうがおか》から本駒込《ほんこまごめ》にかけての一帯は寺院が多く集まる、いわゆる寺町である。ここで取り上げる旧美濃大垣藩《みのおおがき》（現岐阜県大垣市）の最後の藩主戸田氏共《とだうじたか》と、その夫人極子《きわこ》の眠る浄土宗蓮光寺《れんこうじ》もこの一画にある。

氏共夫妻の墓所がなぜここにと思い、寺の沿革を調べてみると、同寺は大垣藩の始祖戸田一西《かずあき》の五男が慶長六年（一六〇一）、江戸の湯島《ゆしま》・妻恋坂《つまこいざか》に建立したもので、明暦《めいれき》の大火後に現在地へ移転してきたという。つまりもともと戸田家ゆかりの寺だったのである。

鮮やかな朱色の山門をくぐると、墓域中央のいわば一等地にひときわ目立つ一対の墓石が並んでいる。正面に向かって右手は「勲一等伯爵戸田氏共」、左手は「伯爵戸田氏共室極子」と、それぞれ刻まれている。裏側に回り、二人の没年を見ると、ともに昭和十一年（一九三六）で、氏共は二月十七日、極子は三月十一日とあり、ひと月も離れていない。まるで妻が夫を慕《した》ってあとを追ったかのようである。ちなみに夫妻の遺骨の一部は、大垣城そばの円通《えんつう》寺《じ》にも埋葬されている。

蓮光寺にある立派な墓石。右が戸田氏共の墓、左が妻極子の墓

家老小原鉄心《おはらてつしん》の才覚

戸田氏共は安政《あんせい》元年（一八五四）に第九代大垣藩主戸田氏正《うじまさ》の五男として生まれた。本来なら家督相続の可能性は低かったが、慶応元年（一八六五）に長兄の第十代藩主氏彬《うじあきら》が病死したため、その末期養子《まつごようし》として、わずか十一歳で藩主の座に就いた。

もともと譜代《ふだい》藩である大垣藩は鳥羽・伏見の戦いまで幕府側に立っていたが、慶応四年（一八六八）一月、実力派家老の小原鉄心《おはらてつしん》が藩論を一転して勤皇に切り替え、新政府軍に兵を送った。最強軍団の一つに数えられた大垣藩兵は東北戦線で果敢に戦い、数々の戦功をたてた。このため戦争が終結すると、譜代大名として唯一、三万石もの賞典禄《しようてんろく》、いわゆる「ご褒美」を受け取った。

つまり氏共が新政府から重用されたのは、時勢を読んで官軍側に加わる決断を下した家老小原の才覚によるところが大きかったといってよい。版籍奉還により氏共は大垣藩知事に就くが、藩政は小原ら旧臣たちに任せ、自身は上京して官立の洋学教育機関である大学南校《だいがくなんこう》（東京大学の前身）に入学する。修学を志したのである。

翌明治四年（一八七一）二月、十七歳の氏共は公家の岩倉具視の次女極子十四歳と結婚する。今なら高校生と中学生が夫婦になったようなものである。

この結婚については、具視の長男具定《ともさだ》が東山道《とうさんどう》の総督として幕府軍の鎮撫《ちんぶ》へ向かう途中、大垣に立ち寄った際、小原の仲介で氏共と知り合い、大いなるもてなしを受けたことがきっかけだったとか、あるいは、家禄わずか百五十石の岩倉家は、具視が維新の功労により新政府の高官に昇り詰めるまで裕福とは言えぬ公家だったため、具視が何としても娘を財力のある大名家に嫁がせたかったからとも言われる。どちらも真実であろう。

ちなみに大垣藩の財力を示す石高（表高）は十万石だったが、これに新田高（新田開発によるもの）と幕府直轄領の預かり支配高を加えると、実質二十万石にもなったという。

鉱山学を学ぶ

結婚直後、氏共はアメリカ留学を決意する。政府へ提出した留学願いには、「今や世界は日進月歩しており、国内にいてそれをただ傍観しているのではなく、海外へ渡り、苦労してでも新知識を吸収して、その報恩を他日《たじつ》に期したい」と記した。

これが許可されると、新妻の極子を日本に残したまま、海を渡る。渡航は政府からの派遣ではなく、私費留学であった。留学先はニューヨーク州トゥロイにある私立のレンセラー・ポリテクニック・インスティチュート（現レンセラー工科大学）で、当時同大には既に四人の日本人が在学していた。

ここで氏共が専攻したのは意外にも鉱山学であった。彼はなぜそれを選んだのだろうか。本人がもともと鉱物に関心があったとは思えず、おそらく明治新政府が近代産業の振興と発展には、理工系の学問を習得した技術者が不可欠であるとし、製鉄、電信、造船、建築、土木などとともに鉱山学を重点分野と位置づけ、留学による知識習得を奨励したためと思われる。あえて日本人があまり専攻しない学問分野を選んだのかも知れない。彼はアメリカで学んだあと、ヨーロッパへ渡ってさらに知識を蓄えた。

それにしても、よくも殿さま育ちの若者が言葉や生活習慣の異なる外国の学校へ行ってみようと思ったものである。鍋島直大のように異国人の多く暮らす長崎に近い地に育った者なら、西欧文化に触れる機会も多く、それに刺激を受けるということもあったろうが、氏共はそれまで外国とは無縁であった。おそらく短期間在籍した大学南校時代に海外留学を志すきっかけがあったのだろう。

結婚から二カ月後、氏共は横浜を出発した。夫の留守の間、極子は実家の岩倉邸に移り、琴や茶道など日本の伝統諸芸に励む一方、英語やダンスのレッスンも受けたという。この時の修業が、のちに外交官夫人として外国人と交際する際に大いに役立つことになる。

明治九年（一八七六）七月、五年ぶりに帰国した氏共は工部省鉱山寮に出仕し、欧米で学んだ知識を生かし、わが国の鉱物資源の調査や鉱山事業の近代化に取り組む。

それから六年の歳月が流れ、明治十五年（一八八二）、氏共はある日、参議の伊藤博文からヨーロッパ諸国の憲法調査への同行を求められる。なぜ門外漢《もんがいかん》の自分に声が掛かったのか、本人は首を傾《かし》げたが、伊藤は彼の語学力を買ったとされる。

一説には、伊藤がこの時、氏共に接近したのには、別の〝思惑〟があったためとも言われるが、そのことはあとで触れる。

鹿鳴館の花

一年半近いヨーロッパ滞在を終え、氏共らが帰国してから三カ月後の十一月、あの鹿鳴館がオープンする。鹿鳴館は外国人向けの接待所であるため、週に一回は外国人を交えた会合があり、戸田夫妻は、幹事役の鍋島直大・栄子夫妻から常連メンバーとして出席するよう要請される。

会合は毎回食事が終わると、ダンスパーティに移り、式部職《しきぶしょく》洋楽部の演奏するワルツ、ポルカ、カドリールなどの調べに合わせ、貴紳淑女《きしんしゅくじょ》たちが夜の更《ふ》けるのも忘れて踊りに興じるのが恒例となっていた。ここで男性たちのまなざしは美人の誉《ほま》れ高い極子に集まり、男たちは誰もが競うように彼女とのダンスを希望したという。

こんなエピソードがある。ある日、母親の鍋島栄子に連れられ、鹿鳴館の舞踏会を見学した娘の伊都子（のちの梨本宮妃《なしもとのみやひ》）はたちまち、一人の女性に魅せられた。

「『あの美しい方はどなたでしょうか』

母上にそっと耳打ちしますと、

『お父様の下で式部次長をなさっておられる戸田伯爵夫人の極子さまですよ』それは子供心にもお美しい方と感動しました。さすがに鹿鳴館の花とうたわれただけに、華やかなお芝居の中の人物に見えたのです」（『三代の天皇と私』）

その頃の極子の写真が残っている。目鼻立ちのはっきりとした気品ある表情、日本人ばなれしたプロポーション、身に着けているのは当時、鹿鳴館スタイルと呼ばれたバッスル・スタイルである。バッスル・スタイルについて作家の近藤富枝《こんどうとみえ》は次のように説明している。

バッスル・スタイルの極子（影山智洋氏所蔵）

「服は銀と黒の二色でデザインされ、衿から裾まで斜めにかぎホックがぴっちりつき、スパンコールが裾飾りのフリル一面に縫いつけられてある。(中略) 鹿鳴館のガス燈のもとで踊るとき、からだのうねりにつれて、フリルはゆらめき、スパンコールは銀色に光り、着る人をどんなにひき立たせたことであろう」(近藤富枝著『鹿鳴館貴婦人考』)

もう少し説明を加えると、下着にドロワースをはき、腰をコルセットで締め上げる。また飾りのついた帽子、手に扇子を持ち、踵《かかと》の低い革靴を履《は》いたという。

鹿鳴館の名花の条件とは洋装が似合い、英語とダンスが巧《うま》くて、外国人たちとも臆せずに交わることが出来ることとされたが、極子の場合はこれに美貌が加わるのだから非の打ちどころがなかった。当時名花と噂されたのは極子のほか、陸奥宗光夫人の亮子《りようこ》、大山巌夫人の捨松《すてまつ》の三人だが、これに鍋島栄子も加えてよいだろう。

舞踏会の中でも天長節を祝う時のような規模の大きいものは、総理大臣や外務大臣が主催し、会場も鹿鳴館ばかりでなく、総理官邸や現在の浜離宮恩賜《はまりきゆうおんし》公園内にあった延遼館《えんりようかん》という迎賓館が使われた。

ファンシーボールの醜聞《スキャンダル》

　舞踏会華やかなりし明治二十年（一八八七）春、世上を騒然とさせる大スキャンダルが発生する。それは無類の「女好き」として知られた、時の総理大臣伊藤博文と美貌の伯爵夫人戸田極子に関するものだった。

　四月二十日の夜、総理官邸で伊藤主催のファンシーボール（仮装舞踏会）が開かれた。当日招かれたのは皇族、政治家、政府高官、軍人、実業家、言論人、帝大総長、落語家など朝野の有名人があわせて四百人。それぞれが思い思いに仮装をして集まり、どんちゃん騒ぎを繰り広げた。当夜、戸田氏共は太田道灌《おおたどうかん》、極子は道灌に山吹を捧げる賤女《せんじょ》、そして主催者の伊藤はヴェネチア貴族にそれぞれ扮《ふん》していた。

　宴たけなわを迎えた頃、着ぐるみの大きな熊が会場に飛び込んで来て、貴婦人や令嬢たちに襲いかかった。パニック状態になったその時、この大熊をいとも簡単に取り押さえたのが見目麗《みめうるわ》しい極子で、やんやの喝采《かっさい》を浴びた。

　ところがこのあと、伊藤が舞踏会の最中、極子に接近して官邸の別室に連れ込み、乱暴に及んだらしいとの噂が翌日以降、巷《ちまた》で囁《ささや》かれ始め、またたく間に広がった。舞踏会から七日後の同月二十八日には、各新聞がいっせいにこの「醜聞《スキャンダル》」を報じた。ここで紹介するのはそのうちの一紙で、「貴家の令嬢辱《はずか》しめらる」との見出しが付いている。

「一両日前の事なりとか、其夜も更《ふ》けて十二時過ぎ、桜田門《さくらだもん》に沿いたる堀端に一人の車夫《しゃふ》が客待ちして居ると、永田町の方より一人の少女貴顕士《きけんし》の令嬢とは夜眼《よめ》にも夫《それ》と知らるる打扮《いでたち》、西洋服に束髪姿、年は二八の春を迎えて今や開き初《そめ》たる花の顔色、月の眉、品位高く、臘長《ろうたけ》し世にも稀《まれ》なる容色《ようしょく》なるに如何《いか》なる変事に遭遇されしか、髪もおどろに振り乱し、色青ざめて口唇慄《ふる》い、踏む足さえも地に付かず、徒跣《はだし》の儘《まま》にて腰ふらつきと、口惜《くちお》しき不思議の形相《ぎょうそう》、心細さに前後を見返り、折から件《くだん》の車夫を見て、駿河台《するがだい》の屋敷まで伴ないくれよ、価は乞《こう》に任《にん》すべしと言われて……」

こんな具合に探報記者は人力車の車夫から聞き出した話をこと細かく紹介しているが、冒頭の「一両日前」とあるのは「数日前」の誤りかと思われる。

長文の記事を要約すると、仮装舞踏会の行なわれた日の深夜、美しい令嬢が髪を振り乱し、裸足のまま桜田門に沿った堀端に現われ、客待ちしていた人力車の車夫に唇を震わせながら、駿河台の自宅まで乗せて行ってほしいと頼んだ。

そこで車夫は女性を乗せて走り出し、日比谷門外《ひびやもんがい》まで来たところ、前方から来た黒塗りの馬車とすれ違った。その時、馬車の御者が素早くこの女性に気付き、「お姫様」と声を掛けた。車夫が人力車を停めると、馬車から侍女らしき二人が降りて来て、女性を同馬車に移し、戻って行った。わずかな距離しか走っていないのに、謝礼はたっぷり一円をくれたので、車夫の側には文句はなかったというものである。

記事内に個人名は登場せず、「いづこの令嬢なるか探知の上に記載すべし」で終わっている。同時にスキャンダルと断定もしていない。とは言え、車夫もこの女性が尋常でない事態に遭遇し、慌てて逃げ出して来たことは気付いたはずで、おそらく取材に来た記者に対し、彼女が上流階級に属する女性で、この夜、近くで催された夜会に出席していたと思われる旨を伝えたであろう。

そこで記者は、「駿河台」「夜会」「美人令嬢」のキーワードを手掛かりに身元の割り出しに動いたと思われるが、それほど難しいナゾ解きではなかったはずである。

各紙の報道はいずれもこの車夫の証言をもとにしており、内容に大きな差異はない。これに対し読者は、身分の高い紳士が妙齢の令嬢に襲いかかり、驚いた彼女が逃げ出してきたものと受け取り、その身分の高い紳士こそ、派手な女性関係で知られる、時の総理大臣伊藤博文で、被害に遭った女性は駿河台に住む美貌の伯爵夫人戸田極子に違いないと、騒ぎ立てた。たしかに当時、戸田邸は神田区駿河台南甲賀町《みなみこうがちょう》六番地、現在の三井住友火災海上保険本社ビルの地にあった。

その後も新聞は巧みに実名を避けながら、明らかに「伊藤」と「極子」と分かるような暴露記事を連発し、人々の関心をあおった。

なかには、伊藤と極子とは長い間、不倫関係にあったとか、極子を伊藤に引き合わせたのは政府高官とも交遊のあった歌人で教育者の下田歌子《しもだうたこ》であるとか、さらに伊藤が乱暴したのは室内ではなく、庭の木陰、いや植え込みであったなどと書き立てるものまで現われた。まさに「書きたい放題」「書き得」の状態であった。

果たして、当時四十六歳の現役総理大臣と三十歳の伯爵夫人との間に何があったのか。近藤富枝は次のように大胆な推理をしている。

「『女好きの』博文が、豊満な肉体の主極子に色目を使うことは充分考えられる。ファンシーボールのどさくさにまぎれて、二人が姿を消すことぐらい雑作《ぞうさ》ないことだ。博文は勝手知った自分の官邸の、秘密の部屋に極子を連れこむ。五尺三寸、十五貫五百［匁《もんめ》］という日本人にしても小柄な博文だが、精力絶倫の上に、女を喜ばすテクニックは花柳《かりゆう》界で充分習い覚えていた。このとき極子が博文を嫌ったとは断言できない。貴族の女性はこうしたことに驚かない修練がある」（『鹿鳴館貴婦人考』）

近藤に限らず、両者の間には男女の関係があったとする見方が根強くある中で、氏共と極子の孫娘、徳川元子《もとこ》はきっぱりとこれを否定している。


「好色の名の高かった伊藤博文は、三十歳という女盛《ざか》りの美しい祖母に眼をつけて、仮装舞踏会が催されたある晩、祖母を一室に誘い、狼藉《ろうぜき》に及ぼうとしたのでした。祖母は驚いて開いていた窓から飛び降り、はだしのまま庭を駈《か》け抜けて、辻待ちの人力車で逃げ帰ったそうです。この話は醜聞《しゆうぶん》として有名になり、祖母はその生涯大迷惑を蒙《こうむ》りました。

（中略）醜聞がいつまでも残ったのは、祖母にとって大変気の毒なことだったと思います。

（中略）孫の私は、千円札に博文の肖像を載せてその功績が顕彰《けんしよう》されているのを見る時、祖母の語った事の真相を信じているだけに、ひとには語れぬ感懐《かんかい》が湧《わ》いて来ます」

（『遠いうた』）

時期はこれより少しあとになるが、同じような有名人のスキャンダルが世間を賑《にぎ》わせたことがある。明治二十五年（一八九二）二月の雪の日、小説家志望の樋口一葉《ひぐちいちよう》は師と仰ぐ半井《なからい》桃水《とうすい》宅を訪ねる。時が経つほどに降雪は激しさを増し、一葉は桃水から「今夜は泊まっていったらどうか」と勧められるが、「とんでもない」と、それを振り切って帰宅したと、日記に書いている。しかし研究者の間では、一葉の言葉をそのまま信じるべきかどうかをめぐって、今なお意見が分かれている。

伊藤と極子の関係についても、真相は本人たちしか知り得ず、藪の中である。だがこの後も醜聞を裏付けるような疑惑が次々と飛び出すが、伊藤本人は蛙《かえる》の面《つら》になんとかで、いっこうにこたえる風はなかった。伊藤の激しい女遊びを耳にした明治天皇が「伊藤よ、少しは慎んだらどうか」と叱責《しっせき》したところ、本人は「恐れながら、他の者たちは陰で隠れてこっそりやっていますが、博文は堂々とやっております」と、悪びれる様子もなく答えたという。

女性民権運動家の突貫《とっかん》取材

伊藤の「破廉恥《はれんち》行為」に憤激し、大胆にも伯爵夫人本人から真相を聞き出そうとした女性がいる。醜聞が世に出てからいくばくもない日の深夜、神田駿河台の戸田邸の門前に被布《ひふ》を羽織《はお》った女性の姿があった。当時女性民権運動家として知られた中島《なかじま》（旧姓岸田）俊子《としこ》である。

女性の地位向上、権利拡大をめざして活動していた俊子はスキャンダルを耳にした時、権力を笠に着て、か弱い女性に襲いかかり、思いを遂《と》げようとしたとされる伊藤の振る舞いに激怒し、何としてでも社会にその非を訴えねばならないと立ち上がった。そこで当事者の極子に直接会って、事の真相を確かめ、もし事実なら、相手が総理大臣であろうとも被害届を出して、徹底的に闘うよう、説得に来たのである。

「門はかたく閉ざされている。ようやく出て来た門番にむかって女は、旧姓岸田俊子、湘煙《しょうえん》女史と名乗っている。閉じられた扉ごしの押し問答がつづき、『このような時刻にご夫妻そろってご不在ということはよもやありますまい』と、理づめの談判《だんぱん》である。とうとう門が開いたので……」（西川祐子著『花の妹　岸田俊子伝』）

前掲書にはこれ以上の言及はないが、俊子は邸内に入ることまでは成功したとしている。

だが「夫人にはついに会えず、戸田伯爵との面談はらちがあかず、空《むな》しくひきかえした」とある。もし彼女が氏共と顔を合わせたというのなら、なんらかのコメントを引き出して欲しかったと思うが、残念である。

それにしても深夜、単身で伯爵邸に乗り込み、当事者本人の口から真実を引き出そうとした俊子の行動力はたいしたものである。今なら敏腕の社会部記者が試みる突貫《とっかん》取材で、成功すれば、「世紀の大スクープ」である。彼女はこの時、夫で、同じく自由民権運動家である中島信行《のぶゆき》（初代衆議院議長も務めた）に累《るい》が及ばぬよう計画について一切語らず、いざという時は離婚も覚悟していたというから、よほど腹の据《す》わった女性だったのだろう。

納得の出来ない俊子は、当時人気の『女学雑誌』の編集長を務める知り合いの巌本善治《いわもとよしはる》のもとに駆け込んで事情を説明し、ペンによる援護を依頼した。これに応《こた》えて巌本は五月二十一日発行の同誌の社説に「姦淫《かんいん》の空気」と題する論文を発表した。この中で巌本は、近年鹿鳴館など上流階級の社交場において姦淫の空気が充満し、紳士淑女を毒すること甚だしいと指摘し、総理の醜聞騒動もまさにこうした中で起きたものであると、厳しく糾弾《きゅうだん》した。

社説は読者間に大きな反響を呼び、俊子も感激して巌本に繰り返し謝意を伝えたが、同誌はたちまち発行停止処分に追い込まれる。記事の内容が気に入らぬからといって、政府から発行停止処分が科せられるということは今の世では考えられぬが、正義感に燃える巌本はリスクを冒してでも、上流社会のモラルの乱れに警鐘を鳴らさなくてはと思ったのである。

醜聞直後に異例の出世

さて醜聞が浮上していくらも日が経たない五月四日、戸田氏共は奏任官《そうにんかん》四等の公使館参事官から勅任官《ちょくにんかん》二等の弁理公使に昇格する。これだけでも異例の出世なのに、それからわずか一カ月後の六月四日、今度は官吏の最高位である勅任官一等に引き上げられ、同時にオーストリア＝ハンガリー帝国駐在公使（以降、「オーストリア駐在公使」と省略）に任命された。まさにホップ、ステップ、ジャンプの大出世である。

人も羨《うらや》む氏共のこの栄進ぶりは、いったい何を意味するのか。世間は、伊藤が「戸田クン、このたびはキミに不愉快な思いをさせて申し訳なかった。だが世間で騒いでいるようなことは断じてない。せめてものお詫びの気持ちだ」とばかり、特段の配慮を示したのではないかと噂した。

こんななか、醜聞を否定する新聞が現われる。それは公使任命の二日前、かつて反政府系の有力紙だった「朝野新聞《ちょうやしんぶん》」が一転して、伊藤と極子との醜聞は事実無根のまったくの虚報であると、長文の論説で詳しく報じたのである。すると今度は、同紙が筆を曲げたのには何か裏がありそうだと、世間は勘《かん》ぐった。

というのも当時、同紙は販売部数の減少により、経営危機が囁かれており、伊藤擁護の論調へ転換した背景には、政府（伊藤）から資金援助など何らかの支援の手が差し伸べられ、その代わりに醜聞の否定という「助け舟」を出したのではないかと疑われたのである。これについても真偽のほどは定かでない。

さまざまな〝伊藤バッシング〟が飛び交《か》う中で、最も手厳しいものは、目障《めざわ》りな戸田夫妻を海外へ「追い払った」というものだった。徳川元子もそういう噂が流れたことを認めている。

「仮装舞踏会での博文の祖母に対する非行は非難の的になり、祖母が祖父のオーストリアへの出向に従って海外へ出たのも、事件に関係があったかのように世間に流布《るふ》されてしまったのでした」（『遠いうた』）

たしかに氏共のオーストリア駐在公使への内示は、醜聞が噴出した直後だっただけに、

「世間の関心をそらすため」と疑われても仕方がなかった。だがその一方、政府首脳の間ではだいぶ以前から、彼を外交官として海外へ派遣することが決まっていたとされる。というのは、氏共は二度にわたる洋行経験によって語学に長じ、海外事情にも精通していたため、鹿鳴館のロビー外交でも大いに力を発揮した。これを評価した伊藤や井上らは欧州駐在公使の異動時期に合わせ、氏共をどこかの国の公使へ送り込もうと決めており、その発令がたまたま醜聞の時期と重なったというものである。

氏共も、妻の醜聞によって大恥をかかされ、不本意な日々を送る中で、必ずや自分の出番が来ると信じ、じっと耐え忍んでいたのであろう。本人が海外赴任を望んだのかどうかは定かでないが、公使の話が持ち込まれた時、固辞《こじ》した形跡はない。国内にいて世間の好奇な目にさらされるくらいなら、ほとぼりが冷めるまで外国で暮らすのも悪くはないと考えたとしても不思議はない。

いずれにしろ彼にとって、伊藤と出会ったことにより、人生の運が開けたのは紛《まぎ》れもない事実で、何とも複雑な心境だったに違いない。

華族制度に詳しい千田稔《せんだみのる》は「新聞は伊藤の好色を非難したが、もしこれ「醜聞」が真実だとしても、氏共は伊藤に文句は言えなかった」（『華族総覧』）と述べている。つまり時の政府の実力者であり、自分を引き立ててくれる大恩人に対し、面と向かって刃向《はむ》かうことなど出来ない、ここは黙って流れに身を任せるほかはないと、腹を決めたのだろう。

こうして六月四日、氏共にオーストリア駐在特命全権公使、さらに同月二十八日付でスイス特命全権公使（兼任）が発令された。

ところで氏共より三代前のオーストリア駐在公使も旧大垣藩出身者である。井田譲《いだゆずる》というかつての藩の重臣で、幕末、西洋流砲術教授方や京都留守居役《るすい》などを歴任したのち、官軍側の先鋒役として藩兵を率い、各地を転戦、武功をたてた人物である。つまり藩主と家臣はともに勤皇藩ゆえの論功行賞によって抜擢されたと言ってもよく、同じ国の公使に家来のほうが殿様より先に登用されたというところが興味深い。

一にも、二にも、語学力

氏共が任地へ向けて日本を離れたのは、発令を受けてから四カ月後の明治二十年（一八八七）十月八日である。この時、同行したのは、妻の極子、十歳の長女を頭に四人の子供たち、それに氏共の従者として旧藩士、極子の侍女として旧藩士の娘、以上七名で、もちろん氏共以外は初めての海外、初めての船旅である。横浜からフランス郵船のアナジール号で上海《シャンハイ》まで行き、ここで別のサガレリカ号に乗り換えた。

「祖母は四人の子供を引き連れ、船酔いに悩みながら、人々が寝静まった夜中に、甲板《かんぱん》を這《は》って子供達の船室にその安否を気遣《きづか》って、毎晩のように訪れたと話したことがありました」（『遠いうた』）

マルセイユで下船し、列車でウィーンに到着したのは十一月二十八日、日本からの移動に五十日余を要するのだから、当時のヨーロッパは遠く、一行も疲れ果てたことであろう。美しいハプスブルク家の帝都ウィーンは早《はや》、冬のたたずまいをみせ、朝晩の冷え込みも厳しくなっていた。

氏共は公使館員らの協力を得て生活環境を整え、二週間ほどしてから公務に入った。公使として最初の仕事は十二月十二日、王宮でオーストリア・ハンガリー国皇帝フランツ・ヨーゼフに謁見し、日本国特命全権公使の信任状を捧呈《ほうてい》することである。

当時のオーストリアでは外交に使用するのはフランス語、日常生活はドイツ語であった。幸い語学の堪能な公使館員が同行したので皇帝とも意思疎通がうまく出来、氏共も伊藤博文へ送った手紙の中で、「昨日は国書捧呈も首尾《しゆび》能《よく》相済《あいすみ》安心仕《つかまつり》候《そうろう》」と述べている。その伊藤は三カ月前に井上馨が外務大臣の職を辞したため、この時、総理と外務大臣を兼任していた。つまり氏共にとって伊藤は直属の上司になるわけで、これまた不思議な因縁である。

それにしてもこの国ではフランス語やドイツ語に習熟しなければ、公私ともに如何《いかん》ともしがたいことを痛感した氏共は、公使館が雇い入れたオーストリア人教師から早速妻や従者、侍女らとともにドイツ語のレッスンを受けることにした。子供たちには別にドイツ語の家庭教師をつけた。

とりわけ英語以外の外国語に初めて接する極子は悪戦苦闘したようで、「語学も意の如くならず当人も実に閉口《へいこう》致居候《いたしおり》」と、氏共も述べている。しかし本人の懸命な努力によって短期間に長足の上達を遂げ、帰国する頃には、仏・独両国語を不自由なく操《あやつ》れるようになっていた。武家育ちであれ、公家育ちであれ、誰しも新しい環境に放り込まれ、その中で生きていかねばならないとすれば、必死に適応しようと努めるものなのだろう。

表舞台と裏の苦労

在任中、氏共が最も力を注いだのは他の欧米諸国に駐在する日本公使同様、条約改正問題である。日本とオーストリアは明治二年（一八六九）十月、日墺《にちおう》修好通商条約を結んだが、これは日本が西洋列強と締結した最後の条約であった。

以後両国関係は、とくに問題なく推移し、貿易量もきわめて微々たるものであったため、交渉でも関税問題が大きな対立点とならなかった。それでも氏共と本国の伊藤外務大臣との間では、同問題について請訓《せいくん》（政府の指示を求めること）と回訓《かいくん》（請訓に対する回答）が頻繁《ひんぱん》に繰り返されたことが記録に残っており、氏共も熱心に取り組んでいたことがうかがえる。

興味深いのは兼轄《けんかつ》していたスイスとの交渉で、同国の主要輸出品である時計の関税率をめぐってかなりの攻防があり、氏共が何度も首都のベルンまで足を運んでいることである。両国間で関税率が争点になるほど、明治の中頃にわが国はスイスから時計を多く輸入していたということなのか。

結果的に氏共の在任中に日本とオーストリア、スイス両国との条約改正交渉は決着しなかったが、外交官としての氏共は取り立てて失策もなく、任期を無難に勤め上げたといってよいだろう。

外交交渉が表舞台なら、それを裏で支えるのが日頃の社交活動である。当時、わが国を外交上の〝イコール・パートナー〟（対等関係）と認めていないオーストリア側に対し、交渉するに値《あたい》する文明国であることを印象づける必要があった。そのため夫妻はオーストリア宮廷の公式行事や各種パーティに進んで出席し、日本国と日本人のアピールに努めた。

また自らがホスト役となり、政府の高官や各界の名士、駐在外交団らを頻繁に公使館へ招き、晩餐会や舞踏会を催した。そんな時、極子は日本から取り寄せた岐阜名物の提灯で館内を飾り、手作りの日本料理で客をもてなした。幸い二人とも鹿鳴館で、外国人と接することに慣れていたため、こちらの方はさして苦にならなかったが、接待経費の確保が一苦労だった。

「無論《むろん》公使の年俸《ねんぽう》ぐらいで費用が足る筈《はず》はない。必要に応じて後から後から金を取り寄せるので、留守を預《あずか》って居る家職《かしょく》の人々は、その費額の余りに莫大《ばくだい》なのに、怪しみ且《か》つ驚いたという」(『横から見た華族物語』)

極子も後年、接待費の不足した時は、花瓶《かびん》などの装飾品を売って補ったと述べている。

思わぬブラームスとの交流

ウィーンの社交界で一躍、極子の名を高めたのは、日本から持参した琴である。山田《やまだ》流の琴の名手である極子の演奏は、音楽の都に暮らす耳の肥《こ》えた人々の心をつかみ、日本公使館で開かれるパーティには欠かせないプログラムとなった。

琴の演奏は思わぬ出会いも生んだ。戸田夫妻の子供の家庭教師として公使官邸に出入りしていたハインリヒ・フォン・ボクレットという音楽教師が極子の弾《ひ》いた曲を採譜《さいふ》し、芸術家の集《つど》うカフェで披露していたところ、ある日、ドイツの大作曲家ブラームスがこれを聞きつけ、極子の演奏を直接聴いてみたいと申し出た。極子は快くこれを受け入れ、ブラームスの前で、「六段《ろくだん》」「乱れ」「春雨」など遠い東洋の島国で生まれた伝統音楽を奏《かな》でた。

ブラームスはボクレットの採譜した譜面を手に入れ、琴の曲をピアノ伴奏曲に編曲し、戸田公使に贈呈した。これらを通じて戸田夫妻はブラームスとの親交を深めた。極子とブラームスの出会いが、オーストリア人に日本音楽への関心を誘ったとも言えるだろう。

両国の文化交流と言えば、明治六年（一八七三）に開催されたウィーン万国博覧会以降、この国では空前のジャポニズム（日本ブーム）が湧き起こり、ブラームスもまたそれに刺激を受け、琴に興味を抱いたのかも知れない。

ブラームスの前で琴の演奏を披露する極子。
「ウィーンに六段の調（ブラームスと戸田極子夫人）」作：守屋多々志
（大垣市守屋多々志美術館）

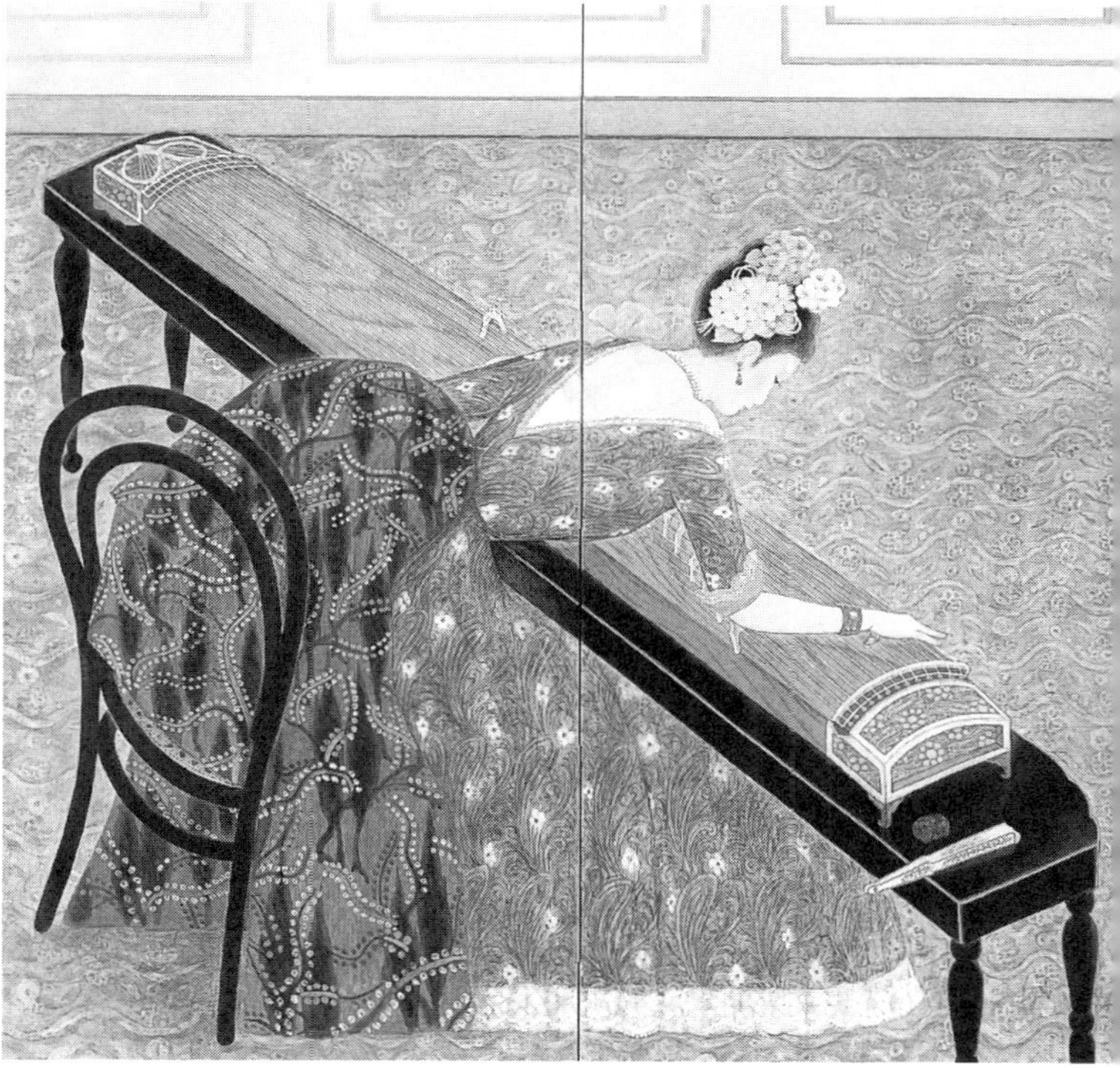

それからほぼ一世紀後の昭和六十一年（一九八六）、岐阜県大垣市で「ウィーンと大垣を結ぶ音楽のかけ橋」というイベントが開かれ、市民たちが琴の演奏を通して国際交流に寄与した極子を偲《しの》んだ。

実は極子より以前に当地の社交界で話題を呼んだ日本の外交官夫人がいた。しかもその女性の特技は三味線《しゃみせん》だったというから面白い。浅野長勲の章で紹介したが、彼女は明治六年（一八七三）、オーストリア駐在の二等書記官に任じられた夫の渡辺洪基に従って海を渡った妻、貞子である。彼女はウィーンに滞在した二年間、皇帝主催の舞踏会や公使館での夜会などの際、華やかな和服に身を包み、鮮やかな手さばきで三味線を奏で、出席者から大きな喝采を浴びたという。戸田極子が琴を現地へ持ち込んだのも、あるいは貞子の三味線の話を耳にして、自分も得意な琴を披露してみようと思った可能性がある。

いずれにせよ貞子の三味線、極子の琴、それぞれ日本の伝統芸が現地での交流の輪を広げるのに一役《ひとやく》買い、夫の外交活動を間接的に支えたのである。渡辺はその後、戸田の後任のオーストリア公使として、再度ウィーンに駐在している。

帰国後の駿河台《するがだい》での暮らし

戸田氏共が三年間のヨーロッパ生活を終えて帰国したのは明治二十三年（一八九〇）の暮れである。一家が日本を離れていた間、戸田家の財産管理を任されていた家令《かれい》がしっかり者で、神田駿河台に立派な洋館を建て、日本家屋も修築を終え、主人の帰りを待っていた。

邸宅の内側を覗《のぞ》いてみよう。外国人の設計になる洋館は総煉瓦造《そうれんがづく》り二階建てで、給湯設備が施され、十五室もの部屋にはそれぞれ異なったペルシャ絨毯《じゆうたん》が敷き詰められ、高い天井から豪華なシャンデリアが下がり、暖炉が切られ、ルイ十六世式の家具が置かれ、冬には四隅から温風の吹き出す装置が完備していた。また大広間には大きなオルゴール、書斎は天井まで届く書棚に囲まれ、そこには革表紙の背に金文字の書名の入った洋書がぎっしりと並んでいた。

わたしはここまで紹介して、神田駿河台の旧戸田邸からほど近い台東区池《たいとういけ》の端《はた》に現存する旧岩崎《いわさき》邸の洋館を思い浮かべた。国の重要文化財に指定されているその建物は、三菱財閥の創始者岩崎弥太郎《やたろう》の息子久弥《ひさや》が明治二十九年（一八九六）、鹿鳴館を設計したジョサイア・コンドルに依頼して建築したもので、現在は一般公開されている。わたしも何度か足を運んでいるが、内部はまさに明治中期、上流階級が好んだと思われる洋風のゴージャスな造りで、さぞや戸田邸もかくありなんと思った。

戸田邸には外国人の賓客が頻繁に訪れるため、台所の地下には年代物の各種ワインが多数貯蔵されており、当日の料理に合わせて供されたという。

食べ物と言えば、孫娘が氏共のこんなエピソードを紹介している。

「祖父は、青年時代にアメリカに五年間も留学したので、アメリカ式が抜けず、（中略）、朝食はバチェラーに給仕させていましたし、アメリカ人の好むパンケーキは日曜日の朝食につきものでした。それには必ずメープルシロップが必要でした」（『遠いうた』）

氏共はまた英字新聞を愛読し、しばしば英語を口にした。煙草のことをシガーとか、シガレット、マッチについては必ずマチェスと複数形で発音したという。

こんなハイカラな生活を好む半面、氏共は敷地内に若い娘を住まわせ、いわゆる「妻妾《さいしょう》同居」生活を送っていた。極子もあえてこれを咎《とが》めることもなく、黙認していたという。なにせ極子の父親の岩倉具視も正室以外に三人の側室がおり、そのうちの一人との間に生まれたのが彼女であった。

表向きは開明的と見られた人間でも、ひと皮めくれば、旧来の意識が消えることなく残っていたのは鍋島直大や浅野長勲ばかりでなく、戸田氏共も同じだった。「幼少の頃から殿様として忠義な家来にもり立てられ、賢い妻に支えられ、我がままいっぱいの贅沢《ぜいたく》な生涯を送ったひとでした」と、孫娘が語るように、最後まで気位の高いお殿様気質が氏共の身体に染《し》みついていた。

宮内省で栄進を重ねる

帰国後、氏共は宮内省に式部官として入った。

「式部職は宮内省の外務省で、式部官は交際官であるから、これに任じられる者は多少外国の智識《ちしき》も有し、態度辞令にならい、典礼儀式の心得もなくては適《かな》わなかった。戸田伯は外交官出身であるから、この点に申し分なかったが、数ある中から引き抜かれて宮内省に入ったのは、伊藤公が後を押し、岩倉公が手を引いたのだとの噂であった」

（『横から見た華族物語』）

どこまでも伊藤博文の影がちらつく。何とも因果な二人の関係である。

氏共はその後も式部長、式部次官、式部長官と、宮内省内で栄進を重ねる。宮中内での評判も上々だったという。今に伝わる氏共の写真で、しばしば紹介されるのは、主猟頭《しゆりようのかみ》という珍しい役職に就いていた頃のもので、古式にのっとった狩装束《かりしようぞく》を身に着け、手に弓を持ち、矢を背負っている。

狩装束姿の氏共
(『戸田氏共公』より転載)

4章　阿波徳島藩藩主→駐仏公使

蜂須賀茂韶

Mochiaki HACHISUKA

妾を同伴で海外赴任を敢行

将軍の孫

昔から外交官にとって憧れの赴任先の一つは、〝花の都〟パリとされてきた。現在フランスに駐在する日本の外交使節の長は特命全権大使であるが、明治時代の中頃は特命全権公使がトップであった。その三代目公使として派遣されたのが旧阿波《あわ》徳島藩二十五万七千石の十四代藩主、すなわち最後の殿様、蜂須賀茂韶《はちすかもちあき》である。

茂韶は弘化《こうか》三年（一八四六）、江戸の藩邸で十三代藩主、蜂須賀斉裕《なりひろ》の嫡子《ちゃくし》として生まれ、慶応四年（一八六八）一月、二十一歳の時、父親の急死によって跡を継いだ。したがって藩主の座にあったのは、版籍奉還までのわずか一年余りに過ぎなかった。

幕末の政局の中で徳島藩は、斉裕が徳川十一代将軍家斉《いえなり》の第二十二子だったため、公武合体《こうぶがったい》による緩《ゆる》やかな政体実現を主張したが、武力討幕路線を主張する薩長陣営には受け入れられなかった。息子の茂韶も尊皇の意思は示しつつも、「将軍の孫」という呪縛から逃れられず、思い切った行動がとれずにいた。

私費留学へ

加えて藩財政の窮乏が深刻化し、世直しを求める民衆の動きが高まるなど、藩内情勢が不安定であったこともあり、茂韶はあれこれ理由を挙げて官軍への協力を猶予《ゆうよ》してもらおうとした。しかし許されず、最終段階になってやっと重い腰を上げて討幕を宣言し、東北戦線に藩兵を送った。したがって徳島藩は戊辰戦争で、際立《きわだ》った戦功を挙げるまでに至らず、当然のこと賞典禄《しょうてんろく》は支給されなかったが、その後、諸大名に先んじて版籍奉還に応じたため、ようやく新政府からも評価される。

徳島藩知事を経て明治四年（一八七一）七月、廃藩置県でその職を解かれると、茂韶は一転して海外留学を志し、翌五年（一八七二）一月二十六日、旧家臣を従え、日本を離れる。私費留学であった。もう古いしがらみやメンツに縛り付けられている日本はこりごりとばかり、徳島のことや蜂須賀家のことは旧臣らに任せ、さっさとイギリスへ向かうのであった。

このあたりの割り切り方は、並みの殿様とは異なる開明さを感じさせる一方、自分の進む道を決めたら、「あとは頼むよ」とばかり、すべてを周囲に丸投げしたまま、さっさと国を飛び出してしまうところなどは、やはりボンボン育ちの殿様気質を思わせる。おそらく留学のお膳立《ぜんだ》てもすべて側近が行なったのであろう。茂韶がこんなマイペースの生活を送れたのも、一にも、二にも生活の心配がなかったからである。

旧大名家の財力

ここで明治以後の旧大名家の財力を見てみよう。わが国初の高額所得者の一覧、いわゆる長者番付は、明治二十年（一八八七）の所得額と納税額をもとに公表された。それによると、上位二十名のうち、旧大名およびその子息が十一名と、過半数を占める。

まずベストテンだが、さすがに一位と二位は岩崎久弥《いわさきひさや》（弥太郎《やたろう》の息子）と同弥之助《やのすけ》（弥太郎の弟）の三菱財閥の創業者一族で、久弥の申告所得は約七十万円、納税額は約二万九百円であった。

以下、三位に毛利元徳《もうりもとのり》（旧長州藩主）、四位に前田利嗣《まえだとしつぐ》（旧加賀《かが》藩主）、五位に原六郎《はらろくろう》（実業家）、六位に島津忠義《しまづただよし》（旧薩摩藩主）、七位に細川護久《ほそかわもりひさ》（旧熊本藩細川家当主）、八位に渋沢栄一《しぶさわえいいち》（実業家）、九位に住友吉左衛門《すみともきちざえもん》（住友財閥創始者）、そして十位に徳川茂承《もちつぐ》（旧紀州《きしゅう》藩主）と続いている。

さらに二十位までを見ると、十一位に徳川義礼《よしあきら》（旧尾張《おわり》藩徳川家当主）、十二位に池田章政《いけだあきまさ》（旧岡山藩主）、十五位に浅野長勲（旧広島藩主）、十六位に松平頼聡《まつだいらよりとし》（旧高松藩主）、十七位に山内豊景《やまうちとよかげ》（旧土佐藩山内家当主）、十九位に藤堂高潔《とうどうたかきよ》（旧津《つ》藩主）と、かつての有力大名およびその一族が名を連ねている。

そのほか本書に登場するところでは、鍋島直大が二十三位、蜂須賀茂韶が四十二位、戸田氏共が四十九位にランクされている。

なぜ旧大名たちはこれほど豊かな経済力を持っていたのだろうか。それは廃藩置県の際、大名の個人財産と藩という公的組織の財産との間で明確な線引きがなされなかったからである。

たとえば大名たちが幕府から江戸藩邸用として拝領した土地はそれぞれ上屋敷、中屋敷、下屋敷などとして使用されたが、明治以降それらの所有権はどうなったのだろうか。明治以降の東京の土地所有形態について詳しい野村悦子《のむらえつこ》は次のように説明している。

「旧大名らは維新直後に二ヵ所ないし三ヵ所の邸宅使用を各藩に許可されていたものを、明治三年には藩邸一ヵ所、私邸一ヵ所の二邸に限定され、他はすべて上地《あげち》した。華族の東京居住の命が出され、さらに廃藩置県後は居住私邸一邸のみしか認められないとなると、旧大名側から上地命令に対する抵抗がみられるようになる」（「旧大名家の住宅事情」）

老中《ろうじゆう》阿部正弘《あべまさひろ》を出した備後《びんご》福山《ふくやま》藩（現広島県福山市）の場合を見てみよう。旧藩主の阿部家は幕末まで、現在の千代田区丸の内に上屋敷、文京区西片《にしかた》に中屋敷、墨田区《すみだ》本所《ほんじょ》に下屋敷、同区横川《よこかわ》に蔵屋敷の四ヵ所を所有していたが、明治三年（一八七〇）一月、西片の中屋敷を除いて新政府に返納した。明治四年、廃藩置県に伴なう華族の東京移住令により、福山から上京した阿部家一族は約六万坪の旧中屋敷を本邸と定め、生活の拠点とした。

阿部家はここで、当時新政府の奨励した養蚕や茶の栽培に取り組むが、輸出の不振でやむなく中止に追い込まれたのを機に、貸地・貸家経営に切り替える。この地は東京帝大に近いということもあり、学者や文化人が次々と移り住み、やがて「西片の学者町」とか「西片の屋敷町」と呼ばれるようになった。

西片地区は今でも都心にありながら、緑豊かで閑静な環境が人気を集め、麴町や麻布《あざぶ》、高輪《たかなわ》などと並び、有数の高級住宅地の一つに数えられている。まさに阿部の殿様の「先見の明」によるものだが、旧幕時代の屋敷跡を私有財産として継承し、これを有効活用することで財産を維持、拡大した好例である。

阿部家に限らず旧大名家は明治になっても、現在の東京都内に広大な土地を所有し続け、前出の野村が明治末期の地籍《ちせき》台帳を分析したところ、一万坪以上を所有していた大地主は百四十一人おり、そのうち旧大名は四十一人と、全体の三割を占めていた。

蜂須賀茂韶（国立国会図書館所蔵）

オーストラリア大使館に今も残る旧蜂須賀邸の門柱

たとえば鍋島家の場合、現千代田区永田町に二万坪の敷地のほか、現渋谷区松濤《しょうとう》に五万坪もの農地（現区立鍋島松濤公園）を所有していたし、本章の主人公である蜂須賀家も、現港区三田《みた》二丁目の本邸の敷地は五万坪であった。旧蜂須賀邸の跡地は戦後、オーストラリア政府がその一部を購入し、大使館用の建物を新築したが、その際、大名庭園には手を付けず、旧邸正面にあった石造の門柱も破棄されずに残っている。

あれほど仲のよかった夫婦が離別

茂韶の留学に話を戻そう。

留学先は鍋島直大と同じオックスフォード大学で、この時、茂韶は妻を伴なっており、夫婦の洋行者としては最初の日本人とされる。その妻とは、明治二年（一八六九）二月に結婚した一族の蜂須賀隆芳《たかよし》の次女斐《あや》で、当時十七歳、誰もが振り向くような美貌の持ち主だったという。二人は当時としては、時代を一歩も二歩も先に行くハイカラ夫婦だった。日本を出る前から西洋ナイズした振る舞いが世間から注目を浴びていたようで、明治五年（一八七二）一月、雑誌にこんな批判的な記事が出た。

「蜂須賀茂韶、近日洋行する由《よし》にて、この頃夫婦ともに洋服を着し、馬車にてしきりに市街を往来せり。夫婦ともども一つ車内とは、国風まことに落ちたりというべし。仲よき夫婦かは知らねども、匹付合《ひつつきあい》まことに赤面の至りなり。夫婦別ある教《おしえ》にもとづき和漢礼儀尊重の神国日本にては為《な》し難《がた》き筈《はず》のことなり」

当時はまだまだこのような見方が強かったのだろう。ところが翌年暮れに夫妻が帰国した時、新聞は手の平《ひら》を返したように斐の洋装姿を絶賛した。

「昨十四日華族蜂須賀夫婦幷《ならびに》同行の人々と共にアメリカより帰朝せり。其婦人の衣裳尤《もつと》も美にして且《かつ》その着用のよく似合《にあい》たること、真の西洋の貴女に異《こと》ならず」（「東京日々新聞」明治六年十二月二十五日付）

記事の中で、夫妻は「アメリカより帰朝」とあるが、イギリスの誤りか、あるいはイギリスからの帰国ルートがアメリカ経由だったのかも知れない。

それはともかく、ここで注目すべきは夫妻がわずか一年半ほどで帰国したということである。茂韶は前年、先進知識の習得をめざして渡英したはずなのに、滞在期間があまりにも短く、帰国には何か不自然さを感じる。

そこで帰国後の二人の動きを追ってみると、蜂須賀家の歴代藩主の事蹟を紹介した『和譯《わやく》蜂須賀家記』の中に「明治七年四月　夫人蜂須賀氏大帰す」という記述を見つけた。「大帰」は「たいき」と読み、嫁いだ女性が離縁されて実家に帰るという意味であるから、二人は帰国後わずか四カ月ほどして離婚したことになる。あれほど仲のよかった夫婦に、いったい何があったのか。

長い間、二人の離婚に至る原因ははっきりしなかったが、近年になって徳島の郷土史家である林《はやし》鼓浪《ころう》が書き遺《のこ》したノート類の中に、それをうかがわせる次のような記述が見つかった。

「[お斐さまは洋行中に]侯の目ずま[目褄《めづま》、人目のこと]をしのンで、お供の人と親密な情交がなりたッて、然《しか》もそれが肌身を有《ゆる》していたとあるので捨ててもおけず、侯[茂韶]は外国から帰るなり、スッパリとお斐さんを離別するにいたッた」

これが事実なら、滞英中、斐が夫の目を盗んで不貞を働き、それを知った茂韶は留学を切り上げて急遽帰国を決断し、そのあと夫婦関係を清算したということになる。彼女の相手とされた「お供の人」とは、茂韶の従者としてイギリスに同行した小室信夫《こむろしのぶ》というのが、もっぱらの噂だったという。小室は当時三十二歳、有能な人物で、茂韶も信頼していただけに、もし事実であれば、ショックも大きかったことだろう。

この話は平成二十二年（二〇一〇）、徳島市立徳島城博物館の小川裕久《おがわひろひさ》学芸員が発表した「蜂須賀斐のこと――開化期に渡英した一女性の肖像――」と題する一文の中で紹介された。林鼓浪のノートには、斐の離婚をめぐる噂が当時、徳島の町で人々の口の端《は》にのぼり、彼女のことを陰で「お尻の曲がったお斐さん」（お尻の軽いお斐さん）と呼ぶ者もいたなどと記されていた。だが同学芸員は「斐の不倫はあくまで噂。真実かどうかは依然、謎のままである」としている。

余談だが、わたしが日課にしている朝歩きのルートの一つに、東京・台東区の谷中《やなか》霊園がある。本稿を執筆中のある日、わたしは広い同霊園のはずれの一画で、偶然にも「小室信夫」と刻まれた大きな墓標を見つけた。以来、その前を通るたびに、小室とお斐さんの艶聞《えんぶん》が頭をよぎるようになった。

ところでその当時ロシア駐在公使だった榎本武揚《えのもとたけあき》は、茂韶夫妻が離婚した翌年九月、旅行先のパリで彼らの噂を耳にし、日本に残した妻のもとへ書き送っている。

「パリスにて話を聞くに、阿州之君侯《あしゆうのくんこう》［茂韶のこと］は英にて一婦人を得、夫婦約束をなし、以前の奥様は離縁したりと。此事果して《このことはたして》真ならば、評判に違いたる大薄情之人《だいはくじようのひと》と謂《い》うべし。しかしたしかなることを知らず、大名はよいのでもその位のしろもの多かるべし」（加茂儀一編『資料榎本武揚』）

どこから得た情報なのか不明だが、榎本は「イギリスで茂韶に新しい女性が出来たので、斐を離縁した」と、受け止めたようだ。

だがはっきりしているのは、茂韶は日本で斐と離婚したあと、再びイギリスへ舞い戻って学業を再開していること、また彼は二回目の留学を終え、帰国してから再婚していることである。とすれば、榎本が耳にした「新たに英国で一婦人と夫婦約束をなした」という風聞は何かの誤りではないだろうか。

それより旧幕臣の榎本が、「大名はよいのでもその位のしろもの多かるべし」（旧大名の中で、まとものように見える者でも、その程度の薄情な人物が多いものだ）と、旧大名らに対し、突き放したような見方をしていることが、わたしには興味深い。

帰国前後

一時帰国をはさみ、足掛け五年に及ぶ在外生活で、茂韶は語学を身に付け、政治学や経済学を修める。その間、ヨーロッパの鉄道事情に強い関心を抱き、わが国も近代化のために鉄道建設が不可欠だとして、自分たち華族が中心となって資金を出し合い、鉄道会社を設立すべきとの建白書を政府に送っている。

またイギリスの議会制度に影響を受け、日本も立憲制度を導入するために民撰議院《みんせんぎいん》（国会）の設立が必要との考えを抱く。このため、国内で同議院の開設に向けて運動を展開している板垣退助《いたがきたいすけ》や後藤象二郎《ごとうしようじろう》らに一万五千円もの活動資金を提供し、支援している。

帰国したのは明治十二年（一八七九）一月、この時、横浜港には五十名を越える旧家臣たちが、紫縮緬《むらさきちりめん》の羽織《はおり》と緋色《ひいろ》の紐《ひも》という派手な揃いの衣装で出迎えた。そのあと汽車で新橋ステーションに到着すると、こちらにも相撲の横綱以下力士たち数十人が待ち受け、蜂須賀家の家紋の入った弓張提灯《ゆみはりぢょうちん》をかかげて出迎えた。文明開化が進むなか、このような前時代さながらの仰々《ぎようぎよう》しい儀式がまだ公然と行なわれていたのである。

茂韶は休む間もなく政府に出仕し、来日する海外の皇族や賓客の接待係を務めたり、大蔵省関税局長、参事院《さんじいん》（のちの内閣法制局）議官などを歴任する。

この間、私生活では再婚している。明治十四年（一八八一）五月、三十五歳の時、常陸《ひたち》水戸藩主徳川慶篤《よしあつ》の長女で、美人の誉れ高い随子《よりこ》を継室《けいしつ》に迎えた。

「妾持参」を条件にした妻

この再婚生活は実にユニークなものだった。

随子はこの結婚の前に、ある大名家（川越《かわごえ》藩とも、桑名《くわな》藩とも）の子息と婚約していたが、何らかの事情で破談になった。当時大名家では、女は「二夫《にふ》にまみえず」という決まりがあった。そこで随子は茂韶のもとへ嫁ぐに際して、三つの条件を申し出た。それは肉体の交わりを拒否する。十一人の「お部屋さま」と呼ばれた側室はすべて暇を出す。さらに萩原京《はぎわらきよう》という若く美しい侍女を連れて行くので、彼女を自分の身代りとして扱ってほしいというものであった。

何とも大胆な提案であるが、当時華族の間では、こんな随子に対し、とても賢い女性であると、称賛の声が上がったという。これに対し茂韶はそれらの条件をすべて受け入れたうえで、随子を迎えたというから、度量の大きい人物だったと言うべきか。

では現実に茂韶は本妻の随子と妾の京に対し、どのように接したのであろうか。茂韶の孫娘の蜂須賀年子《としこ》は自伝『大名華族』の中で、次のように記している。

「蜂須賀家には、明治から大正にかけて日比谷（現警察署がそれ）、浜町《はまちよう》（元福井楼《ふくいろう》）、白金《しろかね》（現伝研《でんけん》）、鉄砲洲《てつぽうず》、洲崎《すさき》、三田という風に、方々にお邸があったが、祖父の代に、祖父は白金と三田の両方に住んでいた。

白金（高輪邸という）には火木土日の四日いて、月水金の三日は三田にいた。判でおしたように日をきめて両邸をいききした。

高輪邸には愛妾《あいしよう》のお京さんがいて、三田には本妻随子がいたけれど、前にもいったとおり、お京は随子の推薦した『御わき』なので、祖父が高輪から三田へくる時は、お京さんもついて来て、本妻随子のごきげんをうかがうので、三田の邸内には、お京さんの住む一かく［一画］もあった」

※（　）内の文字は原文のまま。ただし［　］内の文字は著者が加えた。

月水金は本妻、火木土日は妾と、一日おきに本宅と妾宅との往《ゆ》き来《き》を励行した茂韶という人物の律義さに頭が下がる。

妻妾《さいしょう》同伴で駐仏公使に着任

留学から帰国後、役人生活を続けていた茂韶に対し、明治十五年(一八八二)暮れ、井上馨外務卿よりフランス特命全権公使兼スペイン、ポルトガル、スイス、ベルギー公使に任じるとの命が下った。パリに着任したのは翌年五月二十日、この時、驚くべきことに、茂韶は日本での「変則夫婦生活」をそのまま現地に持ち込み、本妻の随子とともに妾の京も同伴したのである。

孫の年子もお京の立場について「表面は随子の侍女であったが、正室公認の側室であったのはいうまでもない」と言いつつ、こんなことも述べている。

「随子が[茂韶と]一生夫婦の交わりをしなかったのかどうかは、私にもわからないけれど、まさかそんなことはあるまい、と思う。その証拠(?)に明治十四年[正しくは明治十五年」、茂韶がフランス公使に任ぜられて、パリにおもむいたとき、随子はともにかの地にでかけ、八年［正しくは三年］も一っしょにいて、パリの社交界で美貌の日本公使夫人として鳴らしたが、その間、近代的なフランスの社会にくらして、日本もちこしの古風な封建道徳を守りとおしたとは考えられない」（『大名華族』）

どちらにせよ、国を代表する外交官が正妻と愛妾を一緒に任地へ同行したというのは前代未聞の話である。国内では欧化政策を推進し、懸命に文明国たることをアピールする一方で、こんなことが平然と行なわれていたとは信じ難い。もし現地の人たちがこの事実を知ったら、日本という国を嘲笑《ちょうしょう》したに違いない。

いや古来、男女関係には寛容と言われるフランスのことだから、東洋の島国の公使が正妻のほかに愛妾を連れて来たくらいのことで、あれこれ詮索《せんさく》したり、騒ぎ立てたりしなかったかも知れない。

なにせ今から三年前の二〇一四年、オランドという時の大統領は同居する事実婚の女性がおりながら、深夜フルフェイスの黒ヘルメットをかぶってスクーターにまたがり、公邸を脱け出してパリ市内のアパルトマンに住む愛人のもとを訪ねたことが話題になったほどのお国柄である。またミッテランやシラクという元大統領も愛人がいたのは「公然の秘密」で、そのうち一人は隠し子までいたという。とすれば「ムッシュ・ハチスカ、モンダイ、ナーイ」ということか。

話が脱線してしまったが、パリの社交界の表舞台に日本国の公使夫人として登場したのは、もちろん随子であったことは言うまでもない。彼女について、こんなエピソードが残っている。

茂韶がフランスに着任してから半年後の十一月三日、天長節にあたり、公使館にフランス政府の高官や各界名士、各国外交官らを招いて奉賀《ほうが》の式を挙げ、祝宴を開いた。宴もたけなわの頃、公使夫人随子はわが国伝統の和歌を詠み、それをさらさらと短冊に書いて、来場者に披露した。これを公使館の書記官宇川盛三郎《うかわせいざぶろう》がフランス語に訳して紹介したところ、万雷《ばんらい》の拍手が湧き起こったという。

「来賓吟誦賛嘆《ぎんしようさんたん》して曰《いわ》く、清雅艶麗此《せいがえんれいこ》の如《ごと》し。国風の美亦《また》以《もつ》て推知《すいち》すべしと。翌日之《これ》を新聞紙に掲げ、嘖々《さくさく》［かまびすしく］称賛措《お》かず［なりやまない］。仏人老幼之を読んで又々夫人の徳を頌《しよう》す」（『和譯蜂須賀家記』）

過分な賛辞は蜂須賀家の功績を綴《つづ》った書物ゆえ仕方ないとしても、随子にはもともと和歌の才があり、後年『千尋のみどり』と題する歌集も出している。

多忙な公使の日々

茂韶の公務のほうはどうであったか。さすが大国フランスとの間には懸案も多く、しかも広範多岐《こうはんたき》にわたっていた。もちろん最大の外交課題は条約改正であったが、それ以外にも両国間の美術品交換といった文化・芸術に関わるものや日本の主力輸出品である絹製品の税に関するもの、日本の赤十字加盟交渉、海底電線保護条約の締結交渉などもあり、茂韶と本国の井上外務卿との間で請訓、回訓の電報が頻繁に飛び交った。

これらの中で茂韶の活躍が光ったのは赤十字加盟交渉である。フランス外相を介して加盟希望を申し入れたところ、赤十字条約はキリスト教の道徳をもって結ばれており、いまだかつて異教を信奉する国をメンバーとして受け入れたことはないと拒否される。

しかし茂韶はこれに屈せず、次のように反論した。わが国に仏教を信じる者がいないわけではないが、仏教は国教ではない。各宗教に差異があろうとも、「其《そ》の説く所、皆仁愛慈悲《みなじんあいじひ》なり。儒仏《じゅぶつ》の仁愛、耶蘇《キリスト》教の愛と異口同旨《いくどうし》のみ、何ぞ齟齬《そご》する所あらんや」と、正論を主張し続けた結果、ついに相手も納得し、加盟への道が開かれた。

またフランスが関与を深めているインドシナ半島情勢についても、日本として無関心でおられず、本国への報告を欠かせなかった。その合間に日本からひっきりなしにやって来る各界の要人の応対や公使を兼任しているスペインなど近隣国にも足を運ばねばならず、多忙を極めた。

そんな中で茂韶の頭を悩ませたのは、パリの公使館で情報収集要員として雇っていたイギリス人のフレデリック・マーシャルという人物のことだった。彼は初代の欧州駐在の少弁務使（代理公使）鮫島尚信《さめしまなおのぶ》の秘書兼外交指南役として雇われて以来、日本公使館に勤務し続け、どの館員よりも実務に精通していたため、次第に傲慢な態度をとるようになった。しばしば茂韶を飛び越して、伊藤博文や井上馨ら政府首脳へ直接報告することがあった。

こうしたことが積み重なり、茂韶とマーシャルとの関係はぎくしゃくし、周囲をはらはらさせる場面がしばしばあったと、当時茂韶の部下の書記官だった原敬《はらたかし》は証言している。

陽の当たる道

茂韶のフランス勤務は三年余で、明治十九年（一八八六）九月に帰国する。以後、再び外交官としての出番はなかったが、国内で次々に要職に登用される。同二十一年に元老院議官、同二十二年に高等法院予備裁判官、同二十三年に東京府知事、同二十四年に華族界の頂点である貴族院議長、同二十九年に文部大臣に就任する。

茂韶はフランス駐在公使在任中に既に侯爵に列せられているが、大名華族の中で、とりわけ維新の功労者でもないのに、これほど陽の当たる道を歩み続けた者はいない。たしかに外交官であれ、官僚であれ、議員であれ、知事であれ、司法官であれ、はたまた大臣であれ、どんな職務でも任せられれば、無難にこなすというのだから、きわめて有能で器用な人物だったに違いない。

「若《も》し侯にして、旧諸侯の一人、松平阿波守［茂韶］として、徳川の太平に在らしめたらならば、其の徳、其の才、一代の名主として治績大いに挙《あが》るものがあったかと思われる。侯はお芋の煮えたることも知らぬ御大名の出としては、珍しき程、政治手腕を持合わせたる人物なりしだけに、私人としては福徳円満なる人格者として推服《すいふく》せられ……」

（山口愛川著『波瀾立志大臣』）

茂韶は公職のほかにも鉄道、海上保険、共同運輸業の創設に尽力し、北海道雨竜《うりゅう》での農場経営にも関わり、成功するなど日本でも指折りの大富豪となった。さらに相撲や能楽など文化面にも理解を示すなど、並みの殿様とはひと味もふた味も異なり、多彩な顔を持つ才人であった。

大名時代と変わらない私生活

ところが私生活に目を向けると、茂韶もまた大名時代の旧習を頑《かたく》なに守りながら暮らしており、表の顔との落差が極端である。たとえば自宅における食事時の光景について、孫の年子は次のように語っている。

「祖父［茂韶］のそばに、祖母［随子］が並ぶ。夫婦さし向いなどということは、大名華族には一生涯ない。必ず同列に並ぶのである。それは向いがわに、いつも家臣が伺候《しこう》するからである。いざ食事になると、必ず何人かの女中が前にくる。老女一、女中二。お膳所《ぜんしょ》から食べ物を運んでくる女中二人、合計五人の女中が正面にひかえる。祖父の場合、正室は横にならんでいるが、一しょに食事をするのではなく、またお給仕もせず、ただ横に並んでいるだけだ。それがエチケットになっているのだが、そうした女たちの中で、祖父はただ一人で食事した。一生涯そうであった」（『大名華族』）

蜂須賀家の朝食は毎日、判で押したように一汁二菜と決まっており、味噌汁に、小芋の煮もの、それにヒラメの煮付けくらいなものであった。それらは広い建物の端にある台所から、はるばると運ばれて来るため、茂韶が口にする頃はすっかり冷えてしまっていたという。

こんな暮らしを続けていた茂韶夫妻はパリでどんな日常を送っていたのか、また随子の侍女としてお京のパリ暮らしはどんなものであったのか、興味のあるところだが、記録に残っていない。

本章を締めくくるにあたり、茂韶の三回忌を記念して編まれた『寒月集《かんげつしゅう》』という文集に収録されている各界から寄せられた多くの和歌、俳句、漢詩の中から、とりわけ故人と関係の深かった三人の女性の歌を紹介する。なおどんな理由なのか、同文集には随子の歌が収載されていない。

蜂須賀斐

めてられし［愛でられし］　世を思ひ出て　この冬は
　軒《のき》もる月も　ことに身にしむ

萩原京

あふぎみれば［仰ぎみれば］　涙もこほる［凍る］　冬の夜の
　月のゆくへを　しのぶ　けふ［今日］かな

蜂須賀年子

天かける　みたまと見えて　冴えわたる
　月の光も　なつかしきかな

5章　和泉岸和田藩藩主→駐英公使館参事官

岡部長職

高い能力で明治の世をみごとに渡る

Nagamoto OKABE

新政府の命により岸和田《きしわだ》を離れる

　岸和田と言えば、勇壮な「だんじり祭り」と、最近では「覚せい剤問題」で世間を騒がせた元プロ野球の人気選手、清原和博《きよはらかずひろ》の出身地として知られる。大阪府南部に位置するこの地は江戸時代、譜代大名の岡部《おかべ》家が代々治《おさ》める和泉《いずみ》岸和田藩五万三千石が置かれていた。

　幕末の岸和田藩は藩主の世嗣問題に勤皇・佐幕問題が絡み、二派に分かれて抗争が続いたが、最終的には勤皇寄りの家老が新政府の招集に応じて藩兵を京都に派遣し、七千両もの軍資金を拠出することで、難局を乗り切った。

　最後の藩主岡部長職《ながもと》は明治元年（一八六八）十二月、わずか十五歳で家督を継いだ。翌年、若き藩主は版籍奉還により知藩事に任じられるが、それも束《つか》の間、明治四年（一八七一）七月、廃藩置県の詔《みことのり》により、岸和田藩は二百六十年におよぶ歴史に幕を閉じ、岡部家も封建領主の立場を失った。結局、長職が藩主、知藩事の座にあったのはわずか二年半余に過ぎなかった。

　〝自由の身〟となった長職のもとへ太政官から次なる命が届く。それは、地元の諸業務は大参事（旧家臣）以下に任せ、旧藩主は九月中に上京せよというものであった。廃藩置県を断行した以上、旧藩主はいつまでも旧領地に留まるべきではないという意味で、中央集権体制の徹底をめざす新政府は、旧体制の一掃を急いだのである。

命により長職が岸和田を離れたのは、明治四年八月八日、別れの挨拶に訪れた家臣に対して次のような七言絶句《しちごんぜっく》を贈った。

受命奮然正課程　命を受け、奮然《ふんぜん》として課程を正さんとす
固期嘗胆素心成　固《もと》より期す、胆《たん》を嘗《な》めて素心《そしん》成らんと
請君休説区々思　君に請《こ》う、説くを休めよ　区々《くく》の思いを
窓外鳴蟲切管情　窓外の鳴蟲《めいちゅう》［虫］、切に情を管《かん》す

詩の意味は、「上京の命を受け、奮い立つ思いでこの地を去る。腹に固めた決意を苦労してもやり遂《と》げるつもりである。家臣の皆さんもそれぞれ、いろいろな思いや言いたいことはあるだろうが、それを口に出すのは止めてほしい。窓の外で鳴く虫の声さえ、わたしの心に訴えてくるものがあるように思えてならないのだから」ということになろうか。

十八歳の若者にしてはなかなか思慮深いものを感じさせる。幼い頃から人の上に立つ日に備え、心構えを叩き込まれてきたのだろう。

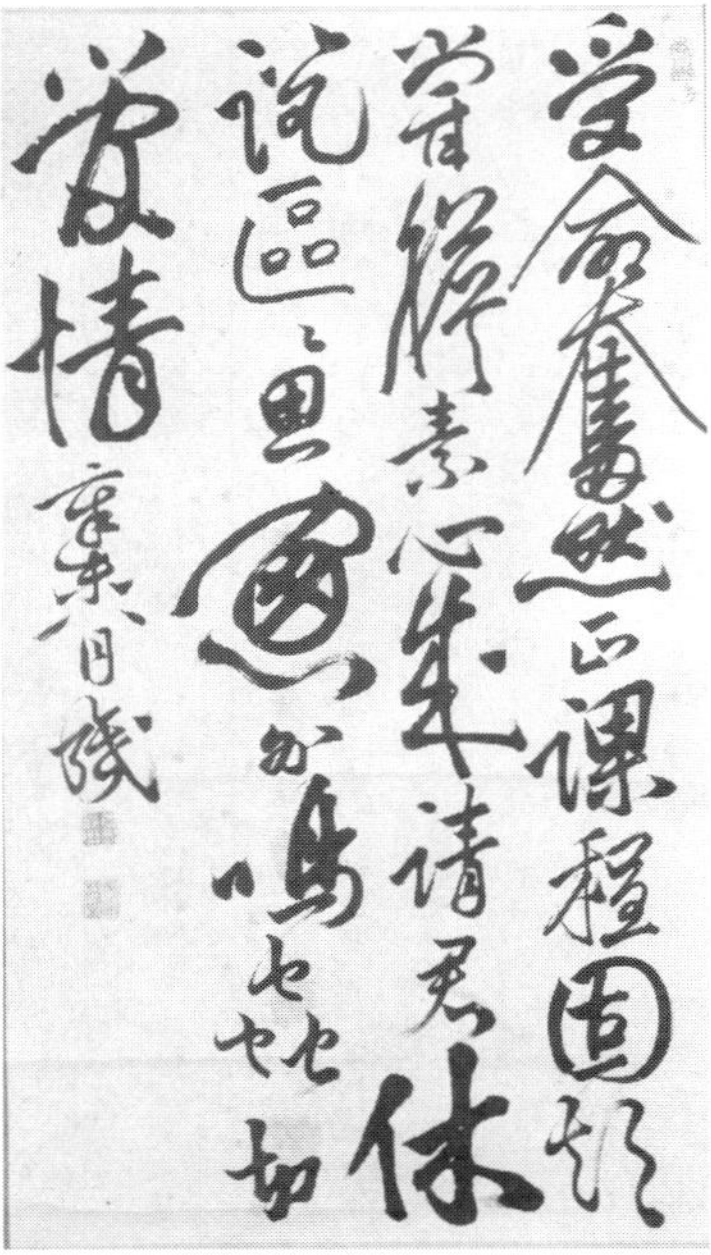

長職が家臣に贈った七言絶句を書きつけたもの
（写真提供　岸和田市教育委員会）

岡田長職（東京国立博物館所蔵）

彼は知藩事時代の明治四年二月に結婚している。相手は旧郡上藩《ぐじょう》（現岐阜県郡上市）の最後の藩主で、知藩事を務めていた青山幸宜《あおやまゆきよし》の妹錫子《ようこ》である、二人のあいだにこの年、長女の清子《すがこ》が誕生している。

高い修学精神

東京では現在の千代田区六番町《ろくばんちょう》に居を定め、「腹に固めていた決意」を実行に移すべく、動き出す。決意とは修学、それも西洋の学問を吸収したいという思いであった。

長職は幼い頃から学問好きで、和漢の書に親しんで育った。若くして家督を相続したあとも、藩の政治、経済、軍備などの改革に取り組みつつ、激動する時代の中で、自分はいかに生きるべきかを模索し、その方向性をしっかり定めていたようである。若き英明な藩主だったといってよい。

明治四年（一八七一）十月、太政官は公家や諸侯（旧大名）ら華族に対し、国民の模範となるよう、海外留学するなどして学問を修め、国家に貢献するよう求めた。さらに明治天皇も次のような勅諭《ちょくゆ》を発した。

「華族は国民中、貴重の地位に居《お》り、衆庶《しゅうしょ》［庶民］の属目［関心をもって見守ること］する所なれば、智を開き、才を研《みが》けば、眼を宇内《うだい》［天下］開化の形勢に著《つ》け、有用の業を修め、或《ある》いは外国へ留学し、実地の学を講ずるより要なるはなし」

長職にとって勅諭はまさに「わが意を得たり」で、一学徒として歩み始める決意を新たにした。

彼はただちに在留外国人について英学修業を開始する。何人か師は替わったものの、三年間みっちり学んだのち、明治七年（一八七四）十二月、修業の仕上げとして福沢諭吉《ふくざわゆきち》の慶應《けいおう》義塾《ぎじゅく》に入塾する。

当時の慶應義塾は東京府内で最大規模の私塾で、旧藩主たちも多く在籍していた。同塾に学んだ旧藩主の動向に詳しい小川原正道《おがわらまさみち》によると、廃藩置県以前に入塾した旧藩主は四名に過ぎなかったが、廃藩置県後の明治四年八月から十二月までに十一名、同五年に十名、同六年三名、同七年に二名、同九年に二名のあわせて三十二名にのぼったという。

長職がこの塾を選んだ理由について小川原は、同塾が当時英学教育では最も進んでいたこと、海外留学を希望する旧藩主たちがその準備として多く学んでいたこと、岸和田藩の藩校でも洋学教育が行なわれ、同塾と共通するテキストが用いられていたこと、長職もそれらの講義に顔を出していたことなどを挙げている。

彼が義塾に在籍したのは翌八年（一八七五）七月までのわずか八カ月ほどで、同年十一月には東京府知事の大久保一翁《おおくぼいちおう》（旧幕臣）に対し、学術修業のためアメリカへ五年間、留学したい旨の洋行許可願いを申請する。

大久保知事はこれを太政官に上申《じょうしん》、太政官が許可すると、外務、宮内両省にその旨を通知した。長職は晴れて宿願だった海外留学の切符を手にしたのである。華族に留学を勧める勅諭が出ていたこともあり、スピーディーな処理がなされたのだろう。

留学に際して、師である福沢諭吉は長職にあれこれアドバイスを与え、当時アメリカに滞在している旧知の富田鐵之助《とみたてつのすけ》（旧仙台藩士）に対し、「行状宜敷人物《ぎょうじょうよろしき》」につき、到着後の支援をお願いしたい旨の手紙を送っている。

こうして二十二歳の長職は明治八年十一月末、妻子を残し、単身で横浜から旅立った。旧臣の斎藤貞常《さいとうていじょう》は、大名時代の長職と言えば、周囲にお付きの者がいないということはなく、常に三人は侍《はべ》っていたのに、今回たった一人で、若き殿が波濤万里《はとうばんり》を越え、異国へ向かったのは、何ともいたわしく、「誠に恐感《きょうかん》の至り」であると、忠臣らしい感想を述べている。

ところが当の本人は、忠臣の気持ちを知ってか、知らずか、さばさばしていた。こんな話が伝わっている。

「［長職は］大名に似合わず万事お手軽主義で、外国へ行く時でも家族のものには玄関で『左様《さよう》なら』と言うのみで、停車場までも送らせぬ。船まで送るなどはもっての外《ほか》だ。けだし、十里《じゅうり》送っても百里《ひゃくり》送っても、別れを惜しむ心情に変わりはないという意味だ」
（岡部氏岸和田入城三百五十周年記念出版委員会編『岡部長職公の想い出』）

イェール大学で心理学を学ぶ

アメリカ到着後は東部に拠点を置き、語学など基礎学力を身に付けたあと、明治十二年（一八七九）秋、コネティカット州ニューヘブンにあるイェール大学に入学する。この時、長職は二十六歳、同大学に入学した日本人としては十四人目で、同じ時期に、のちの衆議院議長となる鳩山和夫《はとやまかずお》がロースクールに在籍していた。ちなみに鳩山家が政界屈指の名門と呼ばれるのは、和夫から五代続けて政治家を輩出《はいしゅつ》し、それぞれ総理大臣や閣僚など国家の要路に就いたことによる。

長職が同大学で学んだのは、意外にも心理学だった。昭和天皇の侍従となった息子の長《なが》章《あきら》はその理由を次のように説明している。

「明治八年で心理学といえば、当時の最新の学問のはずです。新しい心理学をやったんです。あえて政治学を選ばなかったというのは、大変動期の大名と藩知事の経験を通して儒家の教養に自信が持てたからで、つまり『和魂洋才《わこんようさい》』をすでに身につけていたからです」

（『ある侍従の回想記』）

つまり大名や知藩事の経験を通し、「統治」については理解しているので、それよりも新しい学問分野に興味を抱いたということである。ここで三年間、長職はよく学び、他の学生の模範とされたという。

学術修業もさりながら、長職にとって大きな収穫だったのは、自由な雰囲気の中で、学生生活を存分に謳歌《おうか》したことである。各地への旅行、仲間との音楽演奏、ダンスパーティなど、何かと制約の多い当時の日本では決して味わえぬ貴重な時を過ごした。

明治十五年（一八八二）九月、アメリカを離れ、イギリスへ渡る。約一年間、ケンブリッジ大学に学んだとされるが、彼が同大学に学生として在籍したというのは正確ではない。同大の学籍簿にもその名が記載されていないから、私的な形で同大学の教員の下で学んだものとみられる。当時ロンドンには日本人留学生が多数滞在しており、活発に交流していた。その世話役は、のちに逓信《ていしん》大臣などを務める末松謙澄《すえまつけんちょう》で、長職もだいぶ彼に面倒を見てもらった。

外務省期待の星

長職が八年におよぶ海外留学を終えて、帰国したのは明治十六年（一八八三）の秋である。日本を離れている間の社会の変化は、彼の想像をはるかに超えていた。それは、東京の街並みしかり、人々の暮らしぶりしかり、いやそれ以上に国内の政治社会構造が一変してしまったことに大きな衝撃を受ける。

「今浦島」とも言うべき状態に置かれた長職は、しばし現実をじっくり見つめようと心に決め、ただちに職探しに動かなかった。次なる飛躍に備える準備期間としたのである。

滞米中にキリスト教徒となった長職は、帰国後も仲間と教会の設立に向けて奔走したり、ボストンで出会い、生涯の友となった写真家小川一真《おがわかずまさ》の活動を支援するなど、主として留学時代の人脈の輪の中で日々を過ごした。

帰国して二年四カ月が経ち、定職を持たなかった長職がようやく次なるステップを踏み出す。熟慮の末、これまでの在外経験を生かせる職業として外交官をめざすこととし、外務省に入省した。明治十九年（一八八六）三月、三十三歳の時で、公使館参事官というポストで迎えられた。

九カ月の本省勤務のあと、同年十二月、イギリスへの赴任を命じられる。年が明けると、長職は天皇に拝謁、親しく励ましの言葉を掛けられた。また離日の二日前には鹿鳴館で、時の外務大臣井上馨《いのうえかおる》、同次官青木周蔵《あおきしゅうぞう》らの出席のもと、盛大な送別会が催された。

入省一年にも満たない人物を世界最強国のイギリスへ送り込み、条約改正という日本にとって最重要課題に取り組ませるというのだから、外務省首脳の長職に対する期待のほどがうかがえる。友好親善を主たる目的としてイタリアへ派遣された鍋島や浅野とは意味合いが違うのである。

春まだ浅きロンドンに入った長職は、休む間もなく動き出す。覚悟をしていたとはいえ、イギリス側のガードは堅く、まさにタフ・ネゴシエーションが求められた。当時井上に代わって外務大臣の地位に就いた大隈重信《おおくましげのぶ》は、各国の中でイギリスが条約改正に応じ、新条約締結にこぎつけさえすれば、他国もこれに追随するはずであるとし、長職を督励《とくれい》した。その時、大隈から長職へ発せられた電文の一部がこれである。

「若《も》し幸いに英国政府に於《お》いて新案［新条約案］の趣意に同意を表し、直ちに新条約に調印せば、他国も自ら之に同意を表せざるべからざる勢いに立ち到《いた》り、数年来わが国の興廃にも感ずるものとして、世人が重きを置きたる大問題は爰《ここ》に満足の結了《けつりよう》を告ぐべく候」

（『日本外交文書』第二十一巻）

長職と大隈の間では、請訓、回訓の電報が頻繁に飛び交った。長職はこの頃、イギリス駐在の特命全権公使、河瀬真孝《かわせまさたか》に代わって臨時代理公使の立場にあり、最前線の責任者として、押しては引き、引いては押すというハードな交渉を連日イギリス側と重ねた。

病身の妻

ところで、この時も長職は単身赴任であった。外交官なら、赴任先へ妻を同伴するのが通例であるが、なぜ家族を日本に残してきたのか。長職自身も同伴するかどうか、だいぶ悩んだはずである。というのは激務が予想される現地では、とても家族とのんびり過ごす時間など持てないだろうと思いつつも、自他ともに認める愛妻家で子煩悩な性分だけに、家族と離れて暮らすのは忍びないと思ったに違いない。

だが、彼が最終的に家族を同伴しないと決断したのは、錫子の健康問題だった可能性がある。と言うのは、彼女は夫のロンドン着任からわずか半年後に二十八歳の若さで世を去っているからである。

流行《はや》り病《やまい》で急死したというのなら別だが、彼女は夫のロンドン赴任の決まった時点で、既に何らかの病に冒《おか》され、体調を崩していたとしたら、慣れぬ土地で子育てをしながら外交官夫人としての務めを果たすことなど出来ないとし、自ら同行辞退を申し出たとも考えられる。実際はどうであったか。

次官に大抜擢《ばってき》され、評判上々

話をロンドン時代に戻そう。

長職が現地で難交渉に忙殺されていた最中の明治二十二年（一八八九）十月十八日、東京で大事件が発生する。井上の後任の大隈重信外務大臣が、御前《ごぜん》会議を終え、馬車で外務省の門前を通過しようとした時、九州の右翼団体、玄洋社《げんようしや》社員来島恒喜《くるしまつねき》に爆弾を投げつけられ、重傷を負ったのである。大隈は幸い、一命を取り留めたものの、手術で右脚の切断を余儀《よぎ》なくされ、大臣辞任に追い込まれた。これにより彼のもとで進められてきたイギリスとの条約改正交渉も頓挫《とんざ》する。

大隈の後任の外務大臣には次官だった青木周蔵が就任することになり、これに連動して長職に帰国命令が出る。思いも寄らず、青木の後任の外務次官に抜擢されたからである。次官と言えば、外務官僚の頂点に立つポストである。誰もが予想しなかった驚天動地《きようてんどうち》の人事であった。新聞も岡部次官の誕生を事前予想するものは一紙とてなかった。

「陸奥《むつ》全権公使が帰朝の上は多分次官に転任すべしとの説もありしが（中略）浅田《あさだ》氏こそ次官の候補者として先《ま》づ十中八九《じつちゆうはつく》外れざる筈《はず》べしと云ふ説あり」（「時事新報」明治二十二年十二月二十七日付）

次官の本命は駐米公使の陸奥宗光《むねみつ》か、外務省通商局長の浅田徳則《とくのり》か、というのが「時事新報」ばかりでなく、各紙の予想であったが、軒並《のきな》み外れた。当時、外務次官は本省の局長や主要国の全権公使を経験した者が就くポストとされ、長職のように公使館の参事官からいきなり次官への昇進というのは前例がなかった。言い換えれば、それだけ長職の働きぶりや能力が高く評価されていたのか、それとも大隈や青木ら上層部の覚えがすこぶるよかったかのいずれかであろう。

「郵便報知新聞」（明治二十三年一月二日付）は、この人事が大隈の強い推挙によるものだったことを匂わせている。

「英京倫敦駐箚《ロンドンちゆうさつ》［英国ロンドン駐在］の公使館参事官より外務次官に転任したる子爵岡部長職氏は同族中に在《あり》ては夙《つと》に人才を以て聞《きこ》へたれども、法律学［実際は心理学］研究の為《た》め久しく米国に留学せし故《ゆえ》、其《その》名は余り人に馴染《なじ》まざれども、頗《すこぶ》る公平なる意見を懐《いだ》ける人にて、昨年の条約改正談判に関しても、海外に在て当局者の意を承《う》けて尽力功労少なからざりしを以て、前任外務大臣［大隈重信］の信任を博し、前任大臣が事務引継ぎの際、氏を特命全権公使か、然《しか》らされば何か其他の要職に推薦したる程の人物なりと云う」

長職が約三年のロンドン勤務を終えて帰国したのは明治二十三年（一八九〇）二月二十二

日、その二日後には疲れも見せずに外務省へ登庁し、仕事を始めている。身長が一八〇センチを超え、肉づきもよく、大柄な体格の彼も、イギリスでの激務のせいか、赴任前よりややスリムになっていたようである。

「氏は尋常より少しく丈《たけ》高く、容貌美なるに加え眉目《びもく》の間、頗《すこぶ》る愛嬌《あいきょう》ある人なり。倫敦に任する前は肥満し居たるも近頃は大《おおい》に痩《や》せ形となりしなりと云う」(「郵便報知新聞」二月二十六日付)

連日、朝九時から夕刻役所内に電灯が点《とも》る頃まで精力的に仕事に取り組み、誰をも納得させる的確で公正な判断を迅速に下すため、省内で新次官の評判は上々であると、「読売新聞」は報じている。

「新任の外務次官岡部長職子《し》［氏］には既《すで》に日々出省《しゅっしょう》して執務し居らるゝ趣《おもむき》なるが(中略)、其省内の評判の如きは流石《さすが》に大名華族だけに鬢順《びんじゅん》［泰然自若《たいぜんじじゃく》］にして威望ありとの事にて、高等官の社会にても子［長職］がコムモン、センス［コモンセンス、常識］に富み、事を処するに機敏なるには一驚《いっきょう》を喫《きっ》し居《お》れりという。蓋《けだ》し子［長職］は鳩山和夫氏及び今の翻訳局長小村壽太郎《こむらじゅたろう》氏等と同時に米国に在りし人にて、少しも時代的の人にあらざるは申す迄《まで》もなく、殊《こと》にこれまで米国［正しくは英国］に在て条約改正の難局に当りたる経験家なれば、今後外交の事に付て見るべきの挙動は少なからざるべしと……」

きわめて好意的に記された人物評である。長職の〝殿様らしさ〟は、権威を振りかざすことではなく、春風駘蕩《しゅんぷうたいとう》たる大人《たいじん》の風格から滲《にじ》み出る「鷹揚《おうよう》さ」や「包容力」によって示され、加えてクリスチャンらしい他者への思いやりや、外国仕込みの紳士的態度が周囲の人たちを惹《ひ》き付けた。

「資質温健、声音朗々《せいおんろうろう》として、一見君子の風があり、財利［金銭欲］には恬淡《てんたん》として、一身一家を顧《かえり》みざる［自分や家の損得にとらわれない］崇高なる大精神をもつ」

長職の人物評の一つである。

スキャンダルなしのジェントルマンを貫く

外務次官就任によって、長職の外交官生活は二年余で終わった。もとより彼の場合、幕末維新の勲功によって取り立てられたわけでない。まして鍋島、浅野、蜂須賀などとは違い、わずか五万石ほどの小藩出身であるから、彼らのように任地での交際費の不足を私財から補《ほ》塡《てん》するようなことを期待されたわけでもない。外交官として求められる語学力、学識、交渉力などをあわせ持っていたことで評価されたのである。

外務次官は、一国だけを担当する駐在公使とは異なり、大臣を補佐しながら、世界の中で日本の国益をいかに追求していくか、大局的な判断が求められる。長職の頭の中から「国家」や「日本」ということが消えることはなかった。

こんなエピソードがある。気弱な性格の息子に対し、ある時、こんなふうに叱ったという。

「お父さんはお前ぐらいの歳《とし》には、ちゃんと一国を治めていかなければならないように育てられたから、そんなめそめそ泣かなかった。(中略)そんなことでお国の役に立つか!」

(『ある侍従の回想記』)

外務次官を辞任したあと、長職は再婚している。錫子の死から四年を経た明治二十四年（一八九一）、相手は旧加賀金沢藩の十二代藩主で、侯爵前田斉泰《なりやす》の四女榮子（結婚後、坻子《おかこ》と改名）二十五歳である。彼女も再婚で、最初の相手はあの浅野長勲の養子長道《ながより》であった。

当時、長職は三十八歳、既に三人の子の父親であったが、このあと再婚相手との間に、矢《や》継《つ》ぎ早《ばや》に八男三女、十一人もの子を「量産」する。つまり夫妻はあわせて十四人の子を持つ親になったわけだが、誰かれと分け隔《へだ》てなく愛情を注ぎ、教育にも力を入れ、立派に育て上げた。

また当時、顕官紳士なら妾を持ったり、花柳街に足繁《あししげ》く通ったりすることが当たり前とされていた中で、長職は頑なにそうした風潮に背を向けた数少ないジェントルマンの一人であった。だから「萬朝報」の記者に妾を抱えているかどうか、身辺を探《さぐ》られる心配もなかった。

長職はその後も要職を歴任する。明治二十四年に特命全権公使（赴任先なし）、同三十年（一八九七）に東京府知事、同四十一年（一九〇八）に第二次桂《かつら》内閣が誕生すると、司法大臣に抜擢される。

旧藩主で大臣に就いたのは、先に紹介した蜂須賀茂韶（文部大臣）、近江宮川《おうみみやがわ》藩の堀田正養《ほったまさやす》（逓信《ていしん》大臣）、それに岡部長職の三人だけである。さらにこのあと長職は、最後の公職となる枢密顧問官に就任する。

このように長職は旧大名の中では、蜂須賀茂韶に負けずとも劣らぬ輝かしい官歴を重ねた。旧支配層に属した誰もが新時代の波にうまく乗れたわけではなく、長職のように陽のあたる道を歩けたのはほんのひと握りに過ぎない。

ともすれば、旧時代の「遺産」や「威光」に頼りがちになる中で、新時代を生き抜くために志を立て、内外で学問修業に励んで知識を蓄え、人脈の輪を広げ、人格陶冶《とうや》に努めたからこそ周囲の評価をかち得たのである。あえてこれに付け加えるとすれば、彼の能力を正当に評価してくれるよき理解者に恵まれたということになろうか。

その意味で長職は、小川原正道が指摘するように「近世の世襲エリート」から「近代の能力エリート」への転身をみごとに果たしたと言えよう。それはとりもなおさず、華族は国民の手本となるべく「智」と「才」をみがき、国家の発展に寄与すべしという明治四年の勅諭に、きわめて忠実に応えたということである。

長職は大正十四年（一九二五）、七十二歳で没したが、晩年に開催された旧岸和田藩の藩治三百年記念会において、自分の人生を回顧し、次のように語っている。

「顧みると私は大名から知事（知藩事）、知事から書生、書生から外交官、外交官から閣位（閣僚）に、閣位を云って枢府（枢密院）にと、我ながら驚かるるばかりの変遷をしてきたものだ」

また時には、遠い大名時代を懐かしく思い出すこともあった。ドイツ人医師ベルツは旧知の長職とたまたま同じ列車に乗り合わせた際のエピソードを日記に残している。それは、かつて西国大名たちが領国と江戸を往来する際に通った街道の脇を列車が走っている時のことである。

「あの街道を、（自分が）まだ若い領主だったころ、両刀を差した三百人もの侍を従え、槍持ちを先頭にして、通行したことがありますが、一行が近づくと、旅人も住民も、みな土下座して、路上に突いた両手に額《ひたい》を擦《す》りつけねばならなかったのです。こうして今、他の誰とも同じように、汽車の中からこの辺をながめると、当時の事が、まるで奇妙な夢のようです」（『ベルツの日記』）

版籍奉還、廃藩置県によって藩主、知藩事の座を降りたあとの半世紀余、長職の身の上に起きた変化は、そのまま日本の近代化と軌《き》を一《いつ》にしている。刻々と変わりつつある時代の中で、彼はどんな立場に身を置こうとも、国家や国民の要請にしっかりと応えようと努める人物だった。

6章 公家華族柳原家→駐清公使→駐露公使

柳原前光

権力者におもねらず、ライバルに水をあけられる

Sakimitsu YANAGIWARA

大名華族、公家華族

明治二年（一八六九）、版籍奉還と同時に出された行政官布達《ふたつ》によって「公卿《くぎょう》諸侯の称を廃し、華族に改む」となった。

華族は大きく分けて「公家（公卿）華族」、「大名（武家）華族」、「新華族」（勲功《くんこう》華族）、「皇親（皇族）華族」とあり、いずれも「皇室の藩屏《はんぺい》」たる階層と位置づけられた。

このうち新華族というのは、出身階級を問わず、国家に勲功のあった官員、実業家、軍人、学者らの中から任命された者たちをさす。これら華族に「公・侯・伯・子・男」という五爵位が叙されるのは、ずっとあとの明治十七年（一八八四）のことである。

最初に華族と認定されたのは全部で四百二十七家あり、最も多かったのは大名華族の二百七十家、次いで公家華族の百三十七家で、この両華族で全体の九十五パーセントを占めていた。

華族界の二大勢力である大名華族と公家華族の違いについて、長州藩出身で明治の元勲《げんくん》の一人、木戸《きど》孝允《たかよし》の孫の幸一《こういち》は興味深い証言を残している。

「個々人は別ですが、全体的にみると、おのずから性格の差があらわれている。大名華族は昔の殿様だから大体鷹揚《だいたいおうよう》ですね。公卿華族に、実力なくして千年も皇室の藩屛として幕府と取り引きしていた性格が残っているというのか、ま、露骨に言えば、コスッカライ、ずる男が多かった」（『華族——明治百年の側面史』）

また歴史研究家の八幡和郎《やわたかずお》は、公家華族に比べ、大名華族の中で歴史に名を刻むような政治家、軍人、実業家、学者、芸術家、芸能人などはほとんど皆無であると述べている。

「殿さま［大名］というのは、自分一人で何かをやるということのないように育てられてきたからなのではないか。そこが公卿と違う。公卿の方は、自分の能力で何かをやるということに古来、慣れているのである。公卿というのはかなり知的な職業であるが、殿さまはそうでもない。そのあたりから、遺伝子的にも殿さまというのはそれほど優秀ではなかったようだといえばいい過ぎだろうか」（『江戸三〇〇藩　最後の藩主』）

たしかに幕末維新の政局を見ても、主導権を握って局面打開に動いたのは、大名自身ではなく、智略に富んだ家臣たちであった。その点、三条実美《さんじょうさねとみ》、岩倉具視、そして本章の主人公である柳原前光《やなぎわらさきみつ》ら急進派の公家たちは天皇の威光を前面に掲げ、薩長など反幕勢力を巧みに操《あやつ》りながら、自《みずか》ら目標実現に向け、したたかに行動した。

順風満帆《じゅんぷうまんぱん》の船出

柳原前光は嘉永《かえい》三年（一八五〇）、公家柳原光愛《みつなる》の庶子として京都に生まれた。幼少の頃より俊秀《しゅんしゅう》の誉れが高く、同世代の西園寺公望《さいおんじきんもち》とともに公家社会のホープとして将来を嘱望《しょくぼう》された。友人の一人、尾崎三良《おざきさぶろう》は前光を次のように評している。

「弱冠《じゃっかん》の頃より西園寺公望と併《なら》び称せられ、曾《かつ》て縉紳家《しんしんけ》［貴族社会］の二星と評せられたり。而《しか》も［柳原］伯の機才鋭敏《きさいえいびん》、前者［西園寺］に優《まさ》れり。二十二歳にして外務権大丞《ごんのだいじょう》［正しくは満二十歳で外務大丞］となり、二十四歳に［駐清《しん》］全権公使となり、将来有望の宰《さい》臣《しん》なりと人も期し、自らも三条、岩倉二大臣の後を継ぐものは［自分の］外になしと任じ、気象豪邁《きしょうごうまい》にして敢《あえ》て薩長の先輩伊藤、山県《やまがた》等に下らず」（『尾崎三良自叙略伝』）

この前光が、歴史の表舞台で初めて注目を浴びたのは、慶応四年（一八六八）四月、東海

柳原前光
（長崎大学附属図書館所蔵　共同通信イメージズ）

西園寺公望（国立国会図書館所蔵）

道先鋒副総督として、総督の橋本実梁《はしもとさねやな》や総督参謀の西郷隆盛《さいごうたかもり》らとともに江戸城に入り、「徳川慶喜《よしのぶ》の死一等を減じ、水戸にて謹慎すべし」など、勅旨五条を徳川側に申し渡した時である。この時、十八歳を迎えたばかりの前光は、七百年におよぶ武家社会の終焉《しゅうえん》という歴史の転換点の場に居合わせた誇りと喜びで、胸が張り裂けんばかりであったろう。

大役を果たしたあと、前光は半年ほど各地を巡察し、十一月に京都へ戻るが、帰京してほどなく旧宇和島《うわじま》藩十万石の前藩主、伊達宗城《だてむねなり》の次女、初子《はつこ》と結婚式を挙げる。宗城は幕末の混乱期に越前の松平春嶽《まつだいらしゅんがく》、土佐の山内容堂《やまうちようどう》、薩摩の島津斉彬《しまづなりあきら》らと幕政改革を訴え、四賢侯《しけんこう》の一人に数えられたが、この頃は既に家督を譲っていた。しかし隠居後も請われて朝廷と幕府の周旋《しゅうせん》活動を続け、そうした中で新進気鋭の公家前光とも接する機会が生まれ、やがて娘の結婚話へと発展していったものとみられる。

この結婚について、前光と妾の間に生まれた燁子《あきこ》こと、あの柳原白蓮《びゃくれん》は自叙伝『荊棘《けいきょく》の実』の中で、次のように述べている。この中で前光は「花園伯爵」、育ての母である初子は「峰子」という名前で登場する。

「この花園伯爵の家は旧公卿のうちでは家格の高いほうであった。今年三十二になる夫人は、南国のさる大名の女《むすめ》であった。かねてその家は美人系だと評判されている家の出だけあって、この峰子夫人も同族間では有名な美人の一人であった。（中略）夫人が花園伯に嫁したというのは、花園伯が公卿のうちでもかの普賢寺《ふげんじ》侯と比べてどちらともいいかねるほどの政治的手腕もあり、かつはまた学問もあり、胆力もあり、そのうえに家柄のいいということに見込んで、夫人の父なる人が長女［正しくは次女］をぜひにといってもらってもらったのだという話である」（『荊棘の実』）

「普賢寺侯」とは西園寺公望のことと思われる。白蓮はこの婚姻を伊達家側が強く望んだものとしているが、家禄わずか二百石ほどの貧乏公家だった柳原家にとっても、裕福な大名家の娘との婚姻は経済的苦境から脱するために、願ってもない話であったはずである。

二人の妾

だが前光のその後の家庭生活を覗《のぞ》いてみると、彼には妻初子のほかに二人の妾がいた。その一人は燁子（白蓮）を生んだ江戸・柳橋《やなぎばし》の芸者出身の奥津《おくつ》りょうである。そのりょうの父親とは、なんと万延《まんえん》元年（一八六〇）、日米修好通商条約の批准書《ひじゅんしょ》交換のため、幕府使節団の正使の大役を帯びてアメリカへ渡った外国奉行、新見正興《しんみまさおき》というから驚きである。

幕臣の高官の家庭に育ったりょうが、なぜ前光に囲われるような人生をたどったのか。それは、新見家が幕末維新の混乱期に没落したためである。生活苦から正興は三人の娘のうち次女のゑつと三女のりょうを奥津家へ養女に出し、さらにそこから二人は柳橋の芸者として売られたのである。

姉妹は、幕臣の中でも指折りの美男子と評された父親に似たのか、いずれも器量が良かったため、売れっ子芸妓となった。とりわけ妹のりょうはあの「女好き」として知られた伊藤博文も目をつけたほどである。その後、前光も惚《ほ》れ込み、伊藤と落籍《らくせき》（身請《みう》け）をめぐって争った結果、前光の勝ちとなった。この時、りょうは十六歳、二年後に燁子が生まれた。

正妻の初子は、りょうが前光の子を育てることを許さず、生後七日目に赤児を引きとり、自宅で実子として育てることにした。りょうはその後、別宅に囲われて暮らしたが、出産から三年後に二十一歳の若さで病没している。

前光には、りょうのほかにも梅《うめ》という妾がおり、同じ屋敷内に部屋を与えて養っていた。初子は梅の存在を快く思わず、りょうの産んだ子を、ただちにわが子として育てることにしたのは、子供の産めぬ梅へあてつけだったとも言われている。ちなみに前光と初子との間にも一男一女がいた。

洋行の許可が下りず、外務省に出仕《しゅっし》

その後の前光に話を進めよう。

戊辰の争乱も治まり、妻帯して私生活もひとまず落ち着くと、前光は今後の進むべき道についてあれこれ思いを巡《めぐ》らせる。その結果、下した結論は学問修業のための洋行だった。

明治二年（一八六九）一月、前光はかつての上司である橋本実梁へ書簡を送り、「イギリスのロンドンに留学したいので三年間の暇《いとま》をいただきたい。イギリス公使にも話をつけており、出来ることなら二月か、三月にも日本を出発したいので、速やかに渡航許可が下りるよう、力添えをお願いしたい」と、要請している。また自分以外に西園寺公望、岩倉具定、同具経《ともつね》ら若い公家仲間たちも海外留学を希望していると書き添えている。

ところが、前光が命ぜられたのは海外留学ではなく、開成《かいせい》学校での洋学修業であった。理由は不明である。同校はもともと幕府の洋書研究機関として設立された蕃書調所《ばんしょしらべしょ》が始まりで、その後開成所と改称されたが、幕末の混乱で休校状態にあったものを、明治新政府が開成学校という名で再開した。

しかしどういう事情によるものか、前光は四月に入学してからわずか四カ月で、退学している。本人の日記には全身が皮膚病に冒され、学業継続が困難になったからとあるが、それだけではあるまい。洋行までの繋《つな》ぎと考え、通い始めたものの、いっこうに留学許可の下りる気配がないため、しびれを切らし、他への転身を考えたのではないだろうか。一方、前光と開成学校で、一時共に学んでいた西園寺ら三人に対しては洋行願いが許可されている。この差は果たして何だったのか。

同年十月、前光に水原《すいばら》県（現新潟県）の知事就任の打診があるが、これを断り、外務省に出仕することにした。おそらくプライドが高く、野心家の前光のことだから、草深い田舎の知事などにおさまることを潔《いさぎよ》しとせず、将来大きく羽ばたける可能性を秘めた外務省官吏の道を選んだのだろう。幸いなことに岳父である伊達宗城は新政府発足後、外国事務総督や外国官知事を務めており、顔のきく外務省（明治二年に発足）に「ムコを頼む」と口添えすることくらいは、たやすいことだったはずである。

対清《しん》交渉をまとめる

明治三年（一八七〇）七月、弱冠二十歳で現在の局次長クラスにあたる外務大丞《だいじょう》の地位にあった前光に初の大仕事が巡ってくる。明治新政府は当時正式な国交がなかった隣国清との条約締結に着手することとし、その予備交渉の担当に前光を指名したのである。もとより前光に漢学の素養があったことも抜擢された理由の一つであろう。

天津《てんしん》へ派遣された前光は、しばらく現地に滞在して本交渉の地ならし作業を行ない、いったん帰国するが、翌年、大蔵卿を兼ねて欽差《きんさ》全権大臣（特命全権大使）となった岳父の伊達宗城とともに改めて清国へ向かう。この時、前光の立場は交渉団ナンバー2の副使であった。やはり、岳父の口添えが大きかったものと思われる。

交渉は順調に進み、清の直隷《ちよくれい》総督李鴻章《りこうしよう》との間で合意に達し、同年九月、日清修好条規を締結した。この条約は領事裁判権の相互承認や関税率の決定など、日本が欧米諸国相手に改正を目論《もくろ》む内容が反映されており、わが国が締結した最初の対等条約であった。

これ以降も対清外交に関わり、少弁務使、代理公使を経て、明治七年（一八七四）二月、寺島宗則《てらしまむねのり》外務卿から駐清特命全権公使に任じられる。二十三歳という、異例の若さでの抜擢であった。

当時はまだ北京《ペキン》に公使館は設置されておらず、前光は上海に滞在しながら、台湾生蕃《せいばん》（土民）による琉球島民虐殺事件の賠償交渉などに取り組んだ。しかし駐清公使の在任期間は二年にも満たず、翌年秋には森有礼《もりありのり》と交替している。せっかく活躍の場を与えられたにもかかわらず、周囲の前光に対する評価は必ずしも芳《かんば》しいものではなかった。

その後いったん外交の仕事を離れ、同八年に元老院議官に転じ、四年半にわたって刑法や治罪法などの立法事務に従事する。その一方、同十年に西南戦争が勃発《ぼっぱつ》すると、勅使として軍艦を従えて鹿児島へ向かい、西郷軍に対して「速やかに恭順《きょうじゅん》すべし」という天皇の命令を伝える大役を務めるなどした。

思えば、かつてともに江戸城へ乗り込み、徳川方に処分を言い渡した間柄の前光と西郷が時を経て、対峙する立場で向き合うことになるとは歴史の皮肉である。

駐露《ちゅうろ》公使を命じられる

明治十三年（一八八〇）、前光は外務卿の井上馨《いのうえかおる》からロシア駐在特命全権公使を命じられ、外交の現場に復帰する。実は前光よりも先にロシア駐在公使に内定していた公家出身者がいた。初代外務卿を務めた沢宣嘉《さわのぶよし》である。沢と言えば、文久三年（一八六三）八月、会津と薩摩の両藩が結託し、朝廷から長州藩を追放したクーデター、いわゆる「八月十八日の政変」の際、三条実美ら七人の公家とともに長州へ向かった「七卿落《しちきょうお》ち」の一人である。

その沢は維新後の明治六年（一八七三）、初代ロシア駐在公使に任じられたが、出発直前になって顔の腫瘍《しゅよう》、いわゆる「面ちょう」が悪化し、急逝《きゅうせい》する。このため次の公使が決定するまでの間、欧米留学経験のある若き外交官花房義質《はなぶさよしもと》（旧岡山藩士）が臨時代理公使を務め、そのあと榎本武揚《えのもとたけあき》が初代公使として任じられる。したがって榎本の後任の前光は二代目の駐露公使ということになる。前光は五月末に妻の初子を伴なって日本を発《た》ち、八月初め、帝政ロシアの首都ペテルブルク（現サンクトペテルブルク）に着任した。

三十歳になったばかりの前光のロシア行きについては、欧州主要国の特命全権公使への大抜擢という見方がある一方、当時元老院副議長の佐々木高行《ささきたかゆき》の日記には、前光が共感を抱く板垣退助《いたがきたいすけ》らの民権運動が元老院内で勢いづかぬよう、政府首脳が予防措置として彼を海外へ転出させたという説や、将来のある前光にもう少し海外で経験を積ませ、外国事情に精通させるべきだとする説、あるいはロシアという国へ派遣する公使は貴族もしくは軍人のほうが交際上都合がよいとの説など、さまざまな噂が流布されたことが記されている。

このうち最も的を射ているとされているのは、板垣の民権論にこれ以上肩入れさせぬよう、国外へ遠ざけたとする見方である。

娘の白蓮はこう書いている。

「伯爵［前光］は語学［ここでは西欧言語］はあまり確かなほうではなく、外交官としては適任者とはいえなかった。けれど政治家としてはかなりしっかりした腕があった。それがために同僚の藤野伯爵の妬みをかい、敬遠の意味から花園伯爵［前光］を無理に海外へ押し出そうとしたのだとも世間は伝えた」（『荊棘の実』）

前光の性格への批判もあった。彼は自信家で、自己顕示欲が強く、傲慢《ごうまん》という評もあり、しばしば周囲の不興を買い、軋轢《あつれき》を招いたとされる。とは言え、彼の才気をいかに生かすべきか、政府の上層部もその処遇に苦慮したに違いない。その意味で彼の駐露公使への起用は必ずしも「余人《よじん》をもって替え難い」というものではなかった。

現地の綽名《あだな》は「黒公使」

前光が着任した当時の日露関係は、前任の榎本が永年の懸案だった領土交渉に決着をつけたあとだったため、束《つか》の間の無風状態にあった。もちろんこの国との間にも条約改正問題は存在したが、日本政府はイギリスなどとの交渉を優先していたから、それに忙殺されるということはなく、二年半余の在任中は、日々の業務を淡々とこなしていればよかった。
「この花園伯爵［前光］は和漢の学に造詣《ぞうけい》が深く、漢詩などは中国の詩人すら感心したというほどである。この花園伯には不適当な西洋であったが、それでも新しい知識をとり入れることの早い伯爵夫人がすべて夫の足らざるところを補って、ようやくその職を全うせしめたのだと誰も噂した」（『荊棘の実』）
前光は駐露公使を命じられた同じ年に、スウェーデンとノルウェーの公使も兼ねることになった。両国とも当時、日本と格別の懸案もなく、友好親善の促進がすべてであった。明治十四年（一八八一）十二月、前光は両国の皇帝を兼ねるオスカル二世から北極星大勲章と花瓶を授与されるが、その時はよほど嬉しかったようで、義父宛《あ》ての手紙に、こんな感想を記している。現代語で要約する。
「授与式の会場は白皙《はくせき》［色白の肌］紅髪碧眼《こうはつへきがん》の西洋人ばかりで、黒髪黒服姿なのは唯《ただ》一人自分だけでした。しかも授与された大勲章の色までも黒地で、まさに黒づくめであったため、居合わせた人たちは自分に黒公使（ブラックミニストル）という綽名《あだな》を付けたほどです。思いがけないことでした」

得意そうな前光の顔が目に浮かぶ。外交官時代の彼について残された数少ないエピソードである。

妻初子《はつこ》が社交力を発揮

ロシア在勤中、前光が現地の社交界で積極的に活動したという形跡は確認出来ない。社交そのものに関心がなかったのか、それとも社交下手だったのか、そんな夫をカバーしたのが妻の初子だった。お姫様育ちの彼女が舞踏を覚えたのも、最新のファッションや化粧で身を飾ることを学んだのもすべてロシアに来てからであったが、宮廷で繰り広げられる華やかな晩餐会や舞踏会へ臆《おく》せずに顔を出し、当時ペテルブルクにある各国公館の中でも群を抜いて豪壮な建物といわれたネヴァ河岸の日本公使館に王族、貴族、現地駐在の各国外交官夫妻らを頻繁に招いて交際した。

その時の経験が遺憾《いかん》なく発揮されたのが、帰国の翌年にオープンした鹿鳴館である。

「帰朝したばかりの花園伯爵夫人［初子］は、かの地で覚えた舞踏を、今宵《こよい》ここで華やかに外国使臣たちの相手をして踊っているのであった。その服装も最新流行の粋を選び、化粧と言い、外国人に対する態度といい、その自由な会話とともに、すっかり落ち着いたものであった」（『荊棘の実』）

こう記した白蓮も養母の華やかな姿を直接目にしたわけではない。白蓮が生まれたのは鹿鳴館がオープンして二年後のことだから、初子の話は成長してから、周囲の者から聞いたのであろう。

ちなみに鹿鳴館の開館記念の夜会で、日本人女性でダンスに加わったのは、大山捨松《おおやますてまつ》（大山巌《いわお》夫人）、津田梅子《つだうめこ》、永井繁子《ながいしげこ》らアメリカ留学組のほか、夫の馨とともに欧米を長期間旅行した井上武子《たけこ》、イタリアから帰国して間もない鍋島栄子《ながこ》、それに柳原初子など、海外暮らしを経験した者に限られていた。大名家の箱入り娘だった過去が信じられぬほど、初子はみごとな変身を遂げた。

皇室と国民が一体となった国家

喫緊《きっきん》の外交課題をもたない前光にとって、駐露公使在任中の関心事は何であったのか。それは彼が本来の職務のかたわら、日本の進む道はいかにあるべきか、とりわけ皇室制度の望ましいあり方を研究し、まとめ上げることだった。皇族に対し、並々ならぬ忠誠心を抱いていた前光には、皇室復権・強化への強い思いがあり、国王、王室制度を有する国家の多いヨーロッパに滞在していることは、日本と比較するうえで好都合であった。

彼は各国の王室事情を調査し、その研究成果を日本の関係者のもとへたびたび書き送っている。

「帝室《ていしつ》［皇室］の制たる、愚見《ぐけん》の所在は、基礎制度の確《かく》たるは魯《ろ》［ロシア］に採《と》り、而《しか》して仁愛君民親睦の活機を墺《おう》［オーストリア］に採り候《そうろう》事《こと》と存候《ぞんじそうろう》」（佐々木高行宛て書簡）

「魯国帝室制度其他欧米三十一ヵ国帝王歳俸《さいほう》［年間の収入］表、孛国《ぼっこく》［プロイセン］憲法史等既《すで》に脱稿……」（伊達宗城宛て書簡）

同時に彼はロシアの地にあっても、日本国内の政治状況を絶えず気に掛け、心を許した数少ない人物との間で頻繁に手紙をやりとりしながら情報収集に努めた。彼はロシアへ赴任した当初から早期の帰国を望んでいたと言われる。それは国内に留まって政治改革に取り組みたいとの思いからだったとすれば、前光自身にとってもロシア行きは本意でなかったということになる。

彼は、何より薩長の下級武士あがりの者たちが国政をほしいままに操っている現状に我慢がならなかった。一方、ロシアに来てからも民権派への共感を持ち続けており、憲法制定と国会開設を求める民の声が封じられていることに不満を抱いていた。

このため問題解決には天皇と国民が一体になった国家への改造が急務であるとし、いわば「第二の維新」を夢想していた。しかも新国家の中核はあくまで自分たち公家出身者が担わなければならないという強い使命感に燃えていた。こうした前光の国家観は、往々にして周囲から独善的とか、偏狭《へんきょう》と受け取られ、自ら活躍の場を狭《せば》めることになった。

ロシアとの戦争を予言

公使として格別の実績を残さぬまま、三年弱のロシア勤務を終えて帰国した前光はその後、賞勲局《しょうくんきょく》総裁、元老院議長を経て枢密院顧問官となり、皇室典範の制定に関わるなどしたが、どれも満足出来る役職ではなかった。彼を引き立てる有力な支援者がいなかったこともその一因だろう。

「後年に至り、稍々《やや》不遇の地位に置かれ、心中悶々《しんちゅうもんもん》に勝《た》へず」と、友人の尾崎三良は前光の心中を察している。

やがて病に取り憑《つ》かれ、明治二十七年（一八九四）、四十四歳の若さで世を去る。生前、彼の望んでいた憲法制定と帝国議会の開設は実現したものの、薩長藩閥政治はますます専横の度を強め、公家主体の国家体制実現には程遠かった。

彼は臨終《りんじゅう》の間際にこんなうわごとを発したという。それは、「露国は今百万の兵を以て攻め来る。予《われ》は露兵征討大将軍の命を受け、是《これ》より直《ただ》ちに発行［出立］すべければ、其《その》用意を為《な》すべし」という家来への命令であった。

日本では江戸時代後期以降、幕閣や知識人の間に、領土問題をめぐって対露警戒心が芽生え、その後、樺太で在住日本人への襲撃事件が頻発するにおよんで一気に高まりをみせた。やがて日本人がこの北方の隣人に対し、過剰なまでに抱く恐怖心や劣等感は「恐露病《きょうろ》」なる言葉を生むに至った。

おそらく前光も駐ロシア公使時代から、同じような思いを持ち続けており、いずれ両国の衝突は必至と、予見していたのかも知れない。

現実に日露両国が戦火を交えるのは彼の死から十年後のことである。

ライバル西園寺《さいおんじ》と好対照な人生

希望していた海外留学を果たせず、わずか十八歳で官界に飛び込んだ前光に対し、西園寺公望は明治三年（一八七〇）、念願叶《かな》ってフランス・ソルボンヌ大学への官費留学が認められ、以後十年間、パリの自由な空気の中で学び、内外の友人たちと交わり、最先端の芸術文化に触れるなど、得難い経験を積んだ。

前光がロシアへ赴任した年に帰国すると、伊藤博文が国会開設の準備のために設置した参事院に入る。彼もまた戸田氏共と同じように伊藤と知り合うことで人生が大きく開けていった。伊藤のヨーロッパ憲法調査団の随行員に選ばれたのも、オーストリア駐在公使に任じられたのも戸田と同じである。ともに語学が達者だったことも重用された一因とされる。

前光は、伊藤に随行してヨーロッパを巡り、帰国した公望の自宅を訪ねた時のことを義父宛ての手紙の中で、次のように伝えている。

「［西園寺は］居室《きょしつ》正面に新橋芸妓《しんばしげいぎ》の写真を掲置《かかげおき》、風流才子を以て自任致居抱腹之至《じにんいたしおりほうふくのいたり》に候［芸者の写真を居間に貼っているようなやつが自称風流才子とは、まったく抱腹絶倒ものです］」

またこんなライバル評も記している。

「［西園寺は］其学専《もっぱ》ら政法に長じ、法律は下級の卒業に過ぎず、（中略）、政術は不長処《たけからぬところ》［不得意］ゆえ、政事［政治］家とは称し難し」

前光の批判を尻目に、西園寺はドイツ駐在公使兼ベルギー駐在公使、貴族院副議長、文部、外務、大蔵といった主要閣僚、枢密院議長、政友会総裁など次々と顕職《けんしょく》を歴任し、ついに公家出身として初めて総理大臣に、しかも二度まで就任している。さらに晩年はパリ講和会議全権を務めたが、いずれも伊藤の後ろ盾があってこその累進《るいしん》である。

尾崎三良は、伊藤に対し批判的だった前光と好対照な生き方をした公望について「藩閥に迎合してついに総理大臣にまで登りたり。天道《てんどう》果たして是乎非乎《ぜかひか》［天の神は正しいのか］」と、皮肉っている。

公望は前光の倍以上の九十歳まで生きた。人の寿命は天命ゆえ、如何《いかん》ともしがたいが、幼少時からライバルと目されていた同年輩の二人が、かくも対照的な人生を歩んだことは興味深い。

両者の分水嶺《ぶんすいれい》となったのは何か、それはヨーロッパ留学を果たした者と、果たし得なかった者の差、言い換えれば、多感な時期に多様な思想や価値観に接し、視野を広げる機会を得た者と、得られなかった者の「十年という歳月の差」だったように思えてならない。

後世の人たちも、白蓮の父親としての前光のことを覚えていても、彼が海外公使として活躍した時代があったことまで知る者はそう多くおるまい。人物の優劣はともかく、知名度からすれば、西園寺公望とは格段の差があることを認めざるを得ない。

7章　賊軍の首謀者→駐露公使→駐清公使

榎本武揚

Takeaki ENOMOTO

朝敵から一転、引く手あまたの「使える男」

箱館《はこだて》戦争

ここまで藩主や公家から外交官に転身した六人の生きざまを追ってきた。最終章では、本書のタイトル『お殿様、外交官になる』から外れるが、幕臣出身の榎本武揚を取り上げたい。

戊辰戦争で「賊軍の将」だった彼は、維新後、薩長藩閥政府から懇望《こんもう》されて二度も海外公使を務め、きちんと結果を出してきた異能の人物である。武揚の公使への起用はたしかに時の実力者の「ツルの一声」によるものだったが、その仕事ぶりは「砲弾をかいくぐった」経験のない大名や公家出身者とは、ひと味もふた味も違っていた。彼を「外部からの飛び入り外交官」のラインアップに加えることで、さまざまな出自の人間が関わった明治初期の日本外交の一端を浮き彫りに出来るのでは、と考えたのである。

さて昨秋、知人の墓参で函館《はこだて》へ行った際、三十年ぶりに五稜郭《ごりょうかく》を訪れた。武揚を取り上げるにあたり、彼の人生の転換点となった地を改めて見ておきたいと思ったからである。

百五十年前、砲弾、銃弾が飛び交い、阿鼻叫喚《あびきょうかん》の惨劇が繰り広げられたこの地も、今や緑に包まれた平和な公園に生まれ変わり、市民や観光客に親しまれている。この日、園内を散策したあと、近年復元された旧箱館（函館）奉行所に立ち寄った。当時の奉行所を忠実に再現した建物や奉行らの執務部屋を見て回ったあと、この町の歴史を紹介する「歴史発見ゾーン」で、武揚が旧幕府軍の最高司令官として戦った箱館戦争をもう一度なぞってみた。

　彼にとって人生最大の転機は何と言っても、この戦争を通じて敵軍、つまり新政府軍の参謀黒田清隆《くろだきよたか》と出会ったことである。

　旧幕府軍の将兵を率い、新政府軍に徹底抗戦するも力及ばずに降伏した武揚は戦争終結後、朝敵、賊軍の首謀者として投獄される。やがて特赦により放免されると、請われて新政府に出仕する。もともと有能な人物だったのであろう。たちまち重用され、海外駐在公使や閣僚など次々と要職に抜擢される。旧幕臣の中で、彼ほど波乱に富んだ人生を送り、同時に異数の栄達を遂げた者はいない。

　武揚が戦後、なぜこれほど「華麗な」転身を図ることが出来たのか。その答えは敵将だった黒田の存在を抜きに語ることは出来ない。同戦争の最終局面で、武揚のとった「ある行動」が黒田の心を突き動かしたのである。それは箱館戦争で生まれた最高の美談と言ってもよく、黒田の師である西郷隆盛も「千載《せんざい》の美談」と称えた。まず武揚をその「行動」に至らしめた当時の戦況から見てみよう。

　明治二年（一八六九）四月九日、新政府軍が蝦夷地《えぞち》（北海道）に上陸し、箱館を中心とする蝦夷地南部一帯を支配していた榎本軍（旧幕府軍）との間で本格的な戦闘を開始する。新政府軍の圧倒的な軍事力の前に、榎本軍は次々と拠点を失い、ついに五稜郭一カ所に封じ込められる。

五月十一日、新政府軍は海と陸から総攻撃を仕掛け、榎本軍の立て籠《こ》もる五稜郭にも、海上からアームストロング砲による艦砲射撃を容赦《ようしゃ》なく浴びせた。榎本軍からは死傷者が続出、脱走兵も相次ぐ。元新選組《しんせんぐみ》副長、土方歳三《ひじかたとしぞう》が籠城を主張する武揚や大鳥圭介《おおとりけいすけ》らの制止を振り切って五稜郭から出戦し、敵の銃弾を浴び、壮絶な最期を遂げたのもこの日である。

二日後、新政府軍参謀黒田の使者が箱館病院頭取（院長）高松凌雲《たかまつりょううん》を訪ね、榎本軍に戦争終結を呼び掛けてほしいと要請する。凌雲はこれを受け入れ、降伏勧告書を書いて、榎本陣営に届けるが、武揚はこれをただちに拒否する。

もともと榎本から要請され、当地に病院を開いていた凌雲だが、なぜ黒田からの申し出を受け入れ、伝達役を引き受けたのだろうか。

それは戦争が始まると、凌雲は西欧留学で学んだ博愛精神と人道主義によって敵味方を問わず、献身的に傷病者の治療にあたったため、両軍から篤い信頼を得ていたからである。黒田が彼に榎本への使者を依頼したのも、こうした理由による。

その翌日にも黒田側は使者を送り、重ねて降伏を勧めるが、武揚は頑《がん》として応じようとしなかった。理由は武揚らが再三、朝廷と明治新政府に対し、提出していた嘆願書が一顧《いっこ》だにされず、握りつぶされていたからである。

榎本らの言い分とはこういうものだった。

「蝦夷地の一分を賜《たまわ》り、凍餓《とうが》［寒さと飢え］に逼《せま》る頑民《がんみん》［無知な民衆］の活計《かっけい》［生計］相定《あいさだめ》、之《これ》に加《くわう》るに北門の守衛致《いた》し度《た》き志願より他念《たねん》［それ以外の考え］之無く候……」

つまり徳川家が減封され、駿府《すんぷ》（現静岡市を中心とする静岡県東部）に移封されたことにより、禄を失った旧徳川家臣団が大量に生じた。そこで彼らを救済するため、蝦夷地の一部を分け与えてもらい、開拓と北方の警備を担わせてほしいと嘆願してきたが、新政府は聞く耳を持たず、自分らに対し、一方的に攻撃を加えてきた。そうであるからには、蝦夷一島が粉砕しようとも最後まで徹底的に戦うほかないというものであった。

新政府側からすれば、いかなる理由であれ、旧徳川家に恩義を感じている者たちに領地を与えたら、いつまた反乱を起こすかも知れぬとして、断固拒否したのは当然のことであった。

黒田清隆《くろだきよたか》、武揚の男気に心を動かす

この時、榎本は降伏拒否の返事を用意する一方で、「ある行動」に出る。それは榎本が戦いの間も肌身離さず携帯していた書物を使者に託し、新政府軍の海軍参謀へ届けてくれるよう依頼したことである。

その書物とはフランスの法学者ジャン・テオドール・オルトランが海上の国際法規と外交について著した『万国海律全書《ばんこくかいりつぜんしょ》』のオランダ語訳で、武揚が同国留学中に師事していたハーグ大学のフレデリクス教授から贈られたものである。武揚はたとえ自分が死んでも、これからの日本にはこの本が絶対に必要であると確信しており、それほど大切にしていたものをあえて敵将に贈るという挙に出たのである。榎本は次の一文を書き添えた。

「[この本は]皇国無二の書に候《そうら》へば、兵火に付し、烏有《うゆう》[無になること]と相成《あいな》り候《そうろう》段《だん》痛惜致候間《つうせきいたすそうろうあいだ》、「トクトル」より海軍「アトミラール」へ御《お》贈下《おくりくだ》さる可《べ》く候」

現代語訳すれば、「この本はわが国に二冊とない貴重なものです。もし戦火で焼失してしまうようなことがあれば、あまりにも惜しいことですので、使者の医師（ドクトル）に託しますから、貴軍の海軍大将（アドミラル）にお渡しください」となる。

すると五月十六日、新政府軍参謀の黒田から、それに対する礼状と酒樽五樽、肴《さかな》などが五稜郭の陣営に届けられた。榎本が贈った『万国海律全書』を手にしたのは「海軍大将」（アドミラル）ではなく、陸軍参謀の黒田だった。だが、黒田の手に渡ったことが結果的に幸運だった。黒田の礼状にはこうあった。

「我国無二の珍書烏有に付候段《ふしそうろうだん》、痛惜に存じられ、皇国の為、御差贈《おさしおく》りに相成候段、深く感佩《かんぱい》［感謝］致候。何《いず》れ他日、訳書を以て天下に公布《こうふ》致可候《いたすべく》。軽微ながら麁酒《そしゅ》［粗末な酒］五樽之進《これをしんじ》候」

黒田は、武揚が大切にしていた書物まで贈り届けてきたというのは、敗戦を覚悟し、自ら命を断つためではないかと考えた。これだけの書物を理解する有為な人材をむざむざ死に追いやるのは、あまりにも惜しいとして、重ねて降伏に応じるよう促《うなが》した。榎本研究家の井《い》

榎本武揚

黒田清隆

（2点とも、国立国会図書館所蔵）

黒弥太郎《くろやたろう》はその著『黒田清隆』の中で、この時の黒田の心情を次のように推察している。

「黒田はもとよりその横文字も、また榎本の意図したこともわかろう筈《はず》はない。しかしそこにはまた黒田らしい別の『万国海津全書』の読みがあった。おのれの死よりもその学を惜しむ、その男気に感動したのである」

一方の武揚は翌日に控えた最後の決戦を前に、黒田から贈られた酒樽を開いて兵士たちに振る舞い、労をねぎらった。しかし、兵士たちの顔には疲労が色濃く浮かび、酔って気勢を上げるものの、それはしょせんカラ元気にしか思えなかった。弾薬、兵糧《ひょうろう》がともに尽き、もうこれ以上、彼らを無益な殺戮《さつりく》に駆り立てるのは忍びないと武揚は決断し、密《ひそ》かに腹心を敵陣営へ走らせ、降伏の意向を伝えたともいわれる。

このあと榎本は、黒田が案じたように自室へ戻って切腹を図ろうとするが、隣室にいた近習《きんじゅう》の元彰義隊《しょうぎたい》員、大塚霍之丞《おおつかかくのじょう》が異変に気付き、制止に入る。自殺は未遂に終わった。我に返った武揚は自分の採った行動が同志たちを見捨て、自分一人の逃避に過ぎないものだと軽挙妄動《けいきょもうどう》を反省し、仲間たちに詫びた。再び気を取り直して酒をぐいぐいあおり、飲み終わると、十人もの番兵が見守るなか、たちまち大いびきをかいて眠りに落ちたという。

翌朝、目を覚ますと、武揚は五稜郭内の広場に全将兵を集め、戦闘の中止と降伏する方針を伝えるとともに、全責任は最高指揮官としての自分にあり、いかなる処分も受け入れる覚悟であるとし、将兵らについては寛大な措置を相手側に求める考えであると述べた。

このあと、武揚をはじめ幹部は新政府軍側に降伏の意思を伝えるため、五稜郭からほど近い亀田《かめだ》八幡宮に出向いた。そこには黒田と腹心の部下の二人が待っていた。武揚と黒田は初めて顔を合わせた。武揚はここで謝罪、全面降伏を伝え、自軍の武装解除に応じることを約束した。あわせて将兵へ寛大な処分を要請した。

これに対し、黒田は居丈高《いたけだか》な素振《そぶ》りを一切見せず、それどころか、かねがね噂に聞いていた「誠に得難《えがた》き非常の［並大抵《なみたいてい》ではない］人物」を仰ぎ見るように、畏敬《いけい》の念をもって敗軍の将に接した。和議の場には酒徳利《さけどつくり》とスルメが用意され、時折、両者の笑い声が外まで聞こえてきたという。こうして七カ月に及んだ戊辰戦争最後の箱館決戦は幕を閉じた。

武揚をはじめ七人の幹部は東京へ護送され、六月三十日、丸の内（現千代田区丸の内一丁目）の兵部省《ひょうぶしょう》糺問司《きゅうもんし》の付属仮監獄に収監された。新政府内では木戸孝允《きどたかよし》や山縣有朋《やまがたありとも》ら長州閥を中心に、「朝敵、国賊である武揚を極刑の斬首に処すべき」とする声が大勢を占めるが、黒田は断固として武揚の助命を譲らず、頭を丸め僧侶姿になるなどして、その真剣さを示したほどである。黒田の寛典《かんてん》［寛大な法的処置］論に向けられた多くの批判に対し、彼はこう反駁《はんばく》した。

「武揚を斬らんと欲するのなら、先《ま》づ清隆の如《ごと》き無用な材［人材］を斬れ」
「我が戦功に代えて死罪を赦《ゆる》してくれ」
「もう既に榎本は軍門に降《くだ》ったではないか」

まさに黒田は孤軍奮闘、どこまでも武揚擁護の論陣を張り続けた。その頑《かたく》なな姿勢は異常とも思えるほどだった。何がそこまで黒田をして武揚擁護に駆り立てたのか。それはやはり戦場で武揚から贈り届けられた二冊の書物（『万国海律全書』全二巻）であった。何とかそれを無駄にすることなく、これからの日本のために役立ててほしいと願った武揚のひたむきな一念、前出の井黒の言うところの「男気」に心を打たれたのである。
もとより直情径行とも評された黒田の一徹さに政府要人たちも根負けし、赦免《しゃめん》に同意する。最終的には西郷隆盛が黒田の赦免論を強く支持したためとも言われる。こうして入獄してから二年半を経た明治五年（一八七二）一月、武揚は特赦により出獄を許された。この時、武揚は三十七歳、黒田は四歳下の三十三歳であった。

武揚は黒田の助命活動に深く感謝し、終生恩義を忘れることはなかった。一方、西郷、大《おお》久保利通《くぼとしみち》に続いて、新政府内で薩摩閥の実力者にのし上がった黒田も、常に武揚のことを気に留め、折にふれて要職に登用した。のちに武揚の長男武憲《たけのり》と黒田の長女梅子《うめこ》が結婚したことや、黒田の葬儀委員長を武揚が務めたことからも、二人がいかに深い信頼で結ばれていたかが分かる。

有川《ありかわ》の密約

ところで黒田は武揚から『万国海律全書』を贈られる以前に、もし相手側が降伏をしてきた場合、救命しようという腹を固めていたともいう。

これは黒田のもとで軍務官を務めていた曾我祐準《そがすけのり》（旧柳川《やながわ》藩士）が、戦争終結から四十年を経た明治四十二年（一九〇九）、東京の史談会の席上で、「今ならもう時効」だとして、その内幕を暴露したことから明らかになった。

それによると、榎本軍が降伏する八日前の五月九日、五稜郭にほど近い有川《ありかわ》という地で、黒田と曾我、同じく軍務官の増田虎之助《ますだとらのすけ》（旧佐賀藩士）の三者が密談し、「賊将［榎本］等が降伏したら、其《その》生命は我々が必ず救う、すなわち生かすことに尽力する」という約束を交わしたという。これが世に言う「有川の密約」と呼ばれるものである。

黒田の頭の中には、尊敬する郷土の先輩、西郷隆盛が江戸総攻撃を前に、勝海舟《かつかいしゅう》と会談して、降伏の意思を示している徳川慶喜の罪一等を減じ、無血開城に導いたことがあった。

さらに降伏した者を処刑するというのは、文明国では許されぬこととされていたから、外国も注視しているこの終戦処理に汚点を残してはならぬと考えたものとみられる。こうした考えを抱く黒田のもとへ『万国海律全書』が届けられ、彼の決断をいっそう揺るぎないものにした。

対露交渉を任される

出獄したあと、武揚は親類宅での謹慎を経て三月六日に放免となり、晴れて自由の身になった。黒田は武揚が謹慎している間から、しきりに自分が次官を務める開拓使へ出仕するよう勧めていたが、武揚は頑なにこれを拒否していた。旧幕臣として、「二君に仕える」ことを潔しとしなかったからである。が、その一方で命を救ってくれた黒田の恩義にも報《むく》いなければという気持ちも強かった。

放免から二日後、改めて黒田から出仕を強く求められた武揚は考え抜いた末、受け入れることにした。それは「二君に仕える」のではなく、「国家・国益のために自分の持てる知識や経験を役立たせるためだ」と、自分なりの大義名分を立て、自らを納得させたのである。

開拓使には四等出仕という身分で雇用され、北海道の鉱山検査を命じられた。四等出仕とは長官、次官、判官《はんがん》に次ぐ高級官僚で、ここにも黒田の配慮がうかがえる。当時開拓使は長官が空席で、次官の黒田が実質的なトップとして指揮をとっていた。ちなみに蝦夷が現在のように北海道と呼ばれるようになったのは明治二年八月のことである。同様にこの時、北蝦夷は樺太《からふと》と改称された。

武揚は早速、北海道へ渡り、鉱物に限らず、地質、農水産物などの各資源調査や気象観測を精力的に行ない、黒田の期待によく応えた。なかでも特筆すべき功績はイクシベツや空知《そらち》川の河岸で良質の石炭山を発見したことで、今後石炭の需要が高まるのは必至と見込み、武揚は掘り出した石炭をいかにして小樽《おたる》港を経由して本州まで運搬すべきか、鉄道建設まで構想している。

そんな折、幕末に結ばれた日露和親条約によって両国人混住の地と定められていた樺太で、ロシア人による日本人殺傷事件が頻発し、明治政府もロシアと正式な談判を行なう必要に迫られていた。だが当時の政府中枢を構成していた薩長や土佐出身者の中に、外国ときちんと交渉出来るような人材は見当たらなかった。

そこで黒田はこの大役を担えるのは、オランダ留学を通して西洋人の考えや心情を熟知し、『万国海律全書』を理解出来るほど国際公法について豊かな知識があり、さらに蘭・独・仏・英など西欧言語に通じている武揚をおいていないとし、政府の実力者たちの了解を取り付けるべく動く。当時樺太と千島《ちしま》は開拓使の管轄であった。

黒田の工作は奏功し、武揚は急ぎ東京へ戻るように命を受ける。明治六年（一八七三）も押し詰まった十二月二十二日、帰京願いを提出して北海道を去った。武揚が開拓使に勤務したのは、わずか一年半であった。

新しい年が明け、一月十二日、天皇臨席のもと閣議が開かれ、黒田が推挙した武揚のロシア駐在特命全権公使が正式に了承される。

さらに二日後、海軍中将に任じられる。これも黒田が強く主張したもので、欧米では国家間の領土問題などの交渉は高位の軍人、いわゆる将官が行なうものとされており、この将官の階級を武揚に与えなければ、交渉の進展は望めないとして押し切った。

こうして海軍中将の武揚に一月十八日、「対露領土問題処理の為《ため》露国駐在特命全権公使を命じる」という辞令が正式に発令された。

柳原前光の章で触れたように、初代駐露公使には公家出身の沢宣嘉《さわのぶよし》が予定されていたが、赴任を前に病気で急死したため、急遽武揚にお鉢が回ってきたのである。沢の場合、新政府で外国官知事や外務卿を歴任した経験から駐露公使へということになったようだが、多分に論功行賞《ろんこうこうしょう》的な臭いのする人事だった。それに比べて武揚はキャリア、能力とも、沢の比ではなく、どちらがこの役に相応しいか、歴然としていた。

だが武揚本人にとっては、赦免からわずか二年しか経ていないのに、一国を代表する公使として外国駐在を命じられようとは思いも寄らないことで、果たして受け入れてよいものかどうか迷った。結局この時も黒田の懇請《こんせい》に根負けした。

それにしても武揚は黒田という男にとことん見込まれたものである。いったい榎本武揚という人物は、どのように形成されたのだろうか。

若くして世界に目を開く

武揚は天保《てんぽう》七年（一八三六）、幕臣榎本武規《たけのり》の次男として江戸の下谷御徒町《したやおかちまち》（現台東区御徒町）に生まれた。幼名は「釜次郎」、長兄の武與《たけとも》は「鍋太郎」であった。これは父親が「ナベ」と「カマ」さえあれば、食いっぱぐれる心配はないだろうと、名付けたというから面白い。

武士の家では家禄を継げるのは長男だけとされていたから、父親も次男には出来るかぎり教育の機会を与え、将来に備えさせようとした。武揚も幼い頃から学問好きの利発な子で、六歳の時から儒学者のもとへ通い始め、十五歳になると、幕府の昌平坂学問所《しょうへいざかがくもんじょ》（昌平黌《しょうへいこう》）に入り、儒学と漢学を学ぶ。同時に本所《ほんじょ》の江川太郎左衛門《えがわたろうざえもん》宅へ通ってオランダ語を、また江川邸内に暮らしていたアメリカ帰りのジョン万次郎《まんじろう》（中濱《なかはま》万次郎）のもとで英語をそれぞれ学んだ。とりわけ万次郎からは言葉ばかりでなく、世界の地理などについて話を聞く機会があり、海外へ目が向く第一歩となった。

安政元年（一八五四）三月、昌平坂学問所を出た十九歳の武揚は、箱館奉行の堀利熙《ほりとしひろ》の私的な従者として、北蝦夷（樺太）や蝦夷（北海道）の奥地へ足を伸ばす機会を得る。江戸の外へ出たことのない武揚にとって、この巡回視察は、北方の地に豊かな産物や広大な手付かずの原野が存在することを知り、樺太では日本人と雑居するロシア人の姿を初めて目にするなど、得るものの多い旅となった。

また同年九月、ロシア使節プチャーチン提督一行が箱館に寄港した際、堀がプチャーチンの副官であるポシエット海軍少佐を引見しているから、武揚も同少佐と接した可能性がある。この時の出会いが駐露公使時代に大きな力を発揮する。

徳川海軍を率《ひき》いる幕臣エリート

江戸に戻った武揚は昌平坂学問所へ再入学、そして安政四年（一八五七）一月、念願が叶い、幕府の長崎海軍伝習所《でんしゅうしょ》第二期生に選ばれる。ここは西洋式海軍について学ぶ機関であるため、オランダ語と数学は必須とされ、連日徹底的に叩き込まれた。このほか航海学、機関学、造船学、舎密学《せいみがく》（化学）、地理学、気象学、国際情勢など多様な学問分野の教育もあわせてみっちり施《ほどこ》され、これに実技を習得するための航海訓練が加わった。

翌年五月、海軍伝習所での教育プログラムが終了し、江戸に戻ると、幕府に登用され、築《つき》地《じ》の軍艦操練所《そうれんじょ》の教授方に任じられる。そうしたなか、文久二年（一八六二）、幕府派遣の初の海外留学生に選ばれ、オランダへ向かうことになった。当初留学先はアメリカとなっていたが、先方より南北戦争後の混乱が残り、十分な受け入れ態勢が整わぬ旨の連絡があったため、オランダに切り替えられた。

留学生は軍艦操練所から武揚ら五名、蕃書調所から二名、それに長崎養生所《ようじょう》から医師二名のあわせて九名で、それに水夫や職方六名が同行した。

当時幕府はオランダに軍艦を発注していたため、武揚らはその建造過程を現地で技術習得しながら、船具、運用、砲術、機関、造船、測量、鉄砲・火薬製造など海軍関連の諸学術を幅広く学ぶこととし、軍艦の完成後は日本まで回航《かいこう》する任務も課せられた。

また蕃書調所の二名は、国際法、統計学、財政学など、医師の二名は西洋の先進医学を学ぶことになった。

武揚は専攻として選んだ蒸気機関学以外にも、興味を抱いた分野の知識習得に努め、なかでも貪欲に取り組んだのが、ハーグ大学のフレデリクス教授のもとへ通って講義を受けた海上国際法で、その時にテキストとして使われたのが、箱館戦争の最終段階で武揚から黒田へ贈られたあの『万国海律全書』である。このほかモールス信号による電信の研究も行なっている。

学問の習得ばかりでなく、得難い体験もしている。オランダ滞在二年目の元治元年（一八六四）一月、武揚は軍艦操練所の後輩赤松大三郎《あかまつだいざぶろう》（則良《のりよし》）と連れ立って、デンマークとプロイセン・オーストリア連合軍との間で始まったデンマーク戦争を視察するため、双方の陣営を訪れている。交戦国の了解を得て第三国の軍人が観戦する、いわゆる「観戦武官《かんせんぶかん》制度」と呼ばれるもので、日本人でこれを利用したのは武揚らが最初である。

やがて発注していた軍艦がドルトレヒトのヒップス・エン・ゾーネン造船所で完成し、幕府からの指示で「開陽《かいよう》丸」と名付けられた。慶応二年（一八六六）十月、留学生のうち武揚ら四人は同艦を日本へ回航するため、オランダを離れ、大西洋、インド洋を経由して翌慶応三年（一八六七）三月、横浜に着いた。

帰国後の武揚は軍艦頭並《ぐんかんがしらなみ》、軍艦頭を経て徳川軍の海軍副総裁に就任する。やがて戊辰戦争の幕開けとなる鳥羽・伏見の戦いが始まり、武揚は徳川艦隊のトップとして官軍との戦争に深く関わっていく。

賢婦人《けんぷじん》の鑑《かがみ》

武揚が特命全権公使としてロシアへ向け、日本を発《た》ったのは明治七年（一八七四）三月十日である。この時、武揚には妻と子もいたが、単身赴任を選んだ。武揚はオランダから帰国して三カ月後、留学生仲間の医師林研海《はやしけんかい》の妹で、当時十七歳の多津《たつ》と結婚している。多津は和漢の書に通じ、詩歌を好む聡明な女性で、しかも美人だったため、初めて出会った席で武揚が一目惚《ひとめぼ》れし、電撃結婚している。

しかし結婚して間もなく夫は戦地へ向かい、官軍と戦って敗れ、降伏、入獄、赦免を経て、再び北海道での鉱物資源調査、そして今度はロシア駐在と、夫婦とは名ばかりの別居生活が長く続いた。結婚から夫がロシアから帰国するまでの十一年間に、多津が夫とともに暮らしたのは通算すると、わずか半年ほどだったが、彼女は不平や不満を口にすることなく、東京で留守宅を守りながら、ひたすら夫の帰りを待ち続けた。世間は多津を賢婦人《けんぷじん》の鑑《かがみ》と誉め称《たた》えた。

百十五通の宅状《たくじょう》

武揚は横浜から西回りで、インド洋、スエズ運河、地中海を通って、イタリアのベネチアに上陸し、汽車でスイスを経由してパリに入った。ここでロシア皇帝に謁見《えっけん》する時に着用する大礼服《たいれいふく》を誂《あつら》えた。日本でこれを作ることの出来る仕立て職人がいなかったからである。仕立て代は七百円だったと日記にある。

フランスからオランダに立ち寄った。かつて四年半、勉学に励んだ思い出深い国である。ここに十日間ほど滞在して旧知の人々と会い、さらにドイツにも立ち寄って、ロシアの首都ペテルブルクに着いたのは六月十日であった。横浜を出てから三カ月が経過していた。

同月十八日に皇帝のアレクサンドル二世に謁見して明治天皇の信任状を捧呈した。皇帝の武揚に対する態度はきわめて好意的で、幕府の海軍副総裁を務めたことや箱館戦争で旧幕府軍を率いて戦った反乱軍の総帥《そうすい》であったことも熟知していたと、日本の家族宛ての手紙に記している。

「去る十八日ロシア帝に謁見首尾《しゆび》よく相済《あいす》み、帝には殊《こと》の外《ほか》御親切に御あしらい下され候事、面目《めんぼく》之至り御悦《およろこ》び下さるべく候。手前《てまえ》［自分］之事《のこと》は兼《かね》て御承知の趣《おもむき》抔《ばかり》御話これあり候……」

この文面に続いて、二十日には帝と一緒に船でクロンシュタットという軍港へ行き、軍艦や台場を見学したことや、帝の弟君で海軍総大将のコンスタンチン親王も一緒に昼食をとり、その際、親王自らが酒を注いでくれるほどの厚遇にあずかったと、得意げに報告している。

着任早々のこの書状をはじめ、武揚は実に筆まめで、ペテルブルクから日本の家族に宛てた書状、いわゆる「宅状《たくじょう》」は確認されたものだけでも百十五通にのぼる。それらは現在、東京の国立国会図書館に所蔵されているが、日露関係史に詳しい中村喜和《なかむらよしかず》によると、そのうち最も多いのが妻の多津宛てで八十通、次いで姉のらく宛てが三十通、らくと兄の武與の連名宛てが四通、それに武與宛てが一通という。

宅状とは言うまでもなく私信だが、妻には遠く離れていても二週間に一通の割合で手紙を通じて近況を連絡しており、夫婦の絆《きずな》の強さがうかがえる。前出の中村によると、これらの宅状は外務省への定期的な報告である「御用状《ごようじょう》」あるいは「御用便」の度に同封したとみられ、また逆に家族からの書状は外務省からの連絡便と一緒に届けられたのではという。これらの宅状によって武揚の現地での仕事、生活、考え方、人間性などを詳しく知ることが出来、貴重な第一級資料と言ってよい。

二つの懸案

ペテルブルクは現在、サンクトペテルブルクと呼ばれ、近年ではエルミタージュ美術館などを訪れる日本人観光客も増えている。武揚が着任した当時の公使館はネヴァ川沿いにあり、川を往来する蒸気船や対岸の美しい景色が一望出来た。このあと公使館は武揚の在任中に二度ほど移転しているが、いずれも宮殿や諸官庁に近い便利なロケーションにあった。着任してから四カ月が過ぎ、ようやく落ち着いた頃の公館やスタッフについて、姉らくに知らせている。

「当表［当地］に罷在《まかりあり》候日本人は公使館付属花房書記官始《はじめ》他三人、手前［自分］とも通計［都合］五人一所に住居候。勿論《もちろん》手前之居間は四十畳許《ばかり》の間、外に寝所十五畳程。大金は継［次］の間に住わせ候（中略）門番料理人別当［馬車の御者］小使等併《あわ》せて十人……」

正式な公使館員は男性ばかり五名で、全員館内に寝泊まりしていたようである。「次の間に住む大金」というのは、武揚が連れてきた個人的な従者大岡金太郎《おおおかきんたろう》のことで、略して「大金」となる。

公使館の体制が整うと、武揚はすぐにも最大の課題である領土問題の交渉に着手したかったが、その前に処理せねばならない案件があった。

その一つは日本とペルーとの間で国際問題になっていたマリア・ルス号事件である。同事件は武揚が着任する二年前の明治五年（一八七二）七月、横浜に入港したペルー船籍のマリア・ルス号に乗っていた清国人の扱いをめぐって、日本とペルーとの間で起きた国際紛争である。

日本国内での裁判では、「清国人二百三十一人は全員奴隷である」とし、「即時解放のうえ本国送還」という判決が下されたが、ペルー側はこれを不服として、翌年海軍大臣を日本へ派遣し、謝罪と損害賠償を要求してきた。しかし日本側がこれを拒否したことから、紛争解決のため、第三国のロシアによる国際仲裁裁判がペテルブルクで行なわれることになった。武揚も着任後、部下の花房義質《はなぶさよしもと》一等書記官とともに、ロシア側へ日本の立場についての理解と支持を訴え続けていた。

結論から言えば、明治八年（一八七五）六月、皇帝アレクサンドル二世が「日本側の措置は一般国際法にも条約にもなんら違反せず、正当なものである」という、日本側にとって、これ以上望むべくもない判決を下したことで決着をみる。同皇帝の武揚に対する日頃の信頼と好感がこの判決を導き出したと言ってもよい。

武揚が兄と姉に宛てた手紙にも、公使として面目が立ったことに安堵《あんど》する気持ちが記されている。

「手前御用向之《ごようむきの》『マリヤルズ』船一件も弥《いよいよ》去る十三日に魯帝之御裁判相済《あいすみ》、日本政府之方全く勝利と相成候《あいなりそうろう》条《じょう》、実に国家之為《た》め、且《かつ》は手前職掌《しょくしょう》にとりても無比上面目之至《このうえなくめんぼくのいたり》御慶可被下候《およろこびくださるべく》」

もう一つの懸案は、樺太で頻発したロシア人による日本人殺傷事件の処理である。このうちで最大のものは明治五年（一八七二）一月、ロシアの罪人四人が釜泊《かまとまり》で日本人漁民三人を殺害し、モノを盗んだうえ、番屋に火をつけたというもので、犯人らは捕まったが、その後の対応についてロシア側から詳しい報告がなく、謝罪もなかった。

この交渉で武揚はロシア側の対応を不誠実であると抗議し、現地での管理監督体制を強化するよう求めるなど、毅然《きぜん》とした態度で臨んだ。

ロシアとの国境画定をやり遂《と》げる

二つの懸案を抱えながら、明治七年（一八七四）十一月十四日、いよいよ本丸の国境画定交渉に入った。焦点はロシアが樺太を領有する代わりに、千島列島のうち、どこまでを日本側に引き渡すかという線引きについてである。毎回論戦が交わされたが、年内に四回開かれた談判で進展はなく、翌年に持ち越された。

明けて明治八年（一八七五）一月二日、五回目の談判が開かれ、武揚は、「日本が樺太島を手放す代わりに、得撫島《うるっぷ》及び近辺の三島を日本領とする」「ロシアに軍艦の譲渡を求める」「樺太のクシュンコタン（大泊《おおどまり》、現コルサコフ）を無税港にする」という三項目を提案した。千島列島全島を手に入れるより、海軍力強化を優先したのである。ロシアは軍艦譲渡についてはただちに拒否し、他の二項目については検討しようということになった。

ところが三月四日の談判で、武揚は千島列島全島を割譲するようにと態度を一変させ、新たにロシア沿海州《えんかいしゅう》諸港の開港と領事館の設置を求めた。談判はその後も断続的に行なわれ、四月十七日に至り、ついに決着をみる。最終的に合意したのは次のような内容であった。

一、樺太島と千島列島全島とを交換する。
一、クシュンコタン港は十年間、日本船舶へは各種の課税を免除する。
一、クシュンコタン港に日本人領事の駐在を認める。
一、ロシア近海での漁業は最恵国待遇とする。

旧ソ連、現ロシアの歴代政府の対日姿勢と比べると、この時のロシア側の態度はあまりにも融和協調的なもののように思え、驚きを禁じ得ない。現在なら決してこのような物分かりのよい態度を示すことはないだろう。

日本外交史の研究者犬塚孝明《いぬづかたかあき》は、ロシアが日本側の提案に大幅に譲歩した背景について次のように説明する。

「[ロシア側に]バルカンおよびアジアにおける英国の力を極度に恐れる意識が働いており、樺太全島を早く獲得したほうが、対英国戦略においても有利である、と判断されたからであった。事実、バルカン半島のボスニアとヘルツェゴヴィナで、トルコ支配に反発した住民が突如反乱を起こしたのは、この年夏のことである。反乱は次第に拡大の様相を呈し、一八七七年には露土《ろと》戦争へと発展する」(『ニッポン青春外交官』)

こうして五月七日、武揚とロシア国総理大臣兼外務大臣ゴルチャコフとの間で「千島樺太交換条約」が調印された。日本領となった千島列島に、ソ連軍が不可侵条約を一方的に破棄して上陸し、不法占拠を始めるのは、これから七十年後の昭和二十年(一九四五)八月のことで、今なお北方領土返還交渉は解決に至っていないのは周知の通りである。

黒田に贈った黒テンの毛皮

ペテルブルクと東京、遠く離れていても、武揚と黒田の友情は健在だった。本格的な国境画定交渉の開始直前、ロシア軍艦が日本へ向かうので何か届け物があれば持参すると、先方の士官が言って来た。そこで武揚は黒田宛てに黒テンの毛皮と手紙を託した。当時黒田は陸軍中将、参議兼開拓長官であった。

「獣皮の一番高価なものに御座《ござ》候間《そうろうあいだ》、万一北海道に於《おい》ても御見出し被成候《なされそうら》わば一物産と存候。この皮より黒き色多きければ、一枚にて百『ルーブル』又は弐百《に》『ルーブル』の品有之候《これありそうろう》。この皮は重に［主に］冬衣の裏［地］又女の挿手《さして》筒《づつ》、又は帽子に相用《あいもちい》申し候」

贈呈するのはきわめて高価なテンという獣の皮であることを強調しているのが、微笑《ほほえ》ましい。一方、遠いロシアからの贈り物を受け取った黒田は相好《そうごう》を崩し、手紙を繰り返し読んだ。そして何より、自分がかねてから主張していた線に沿って領土交渉をまとめ上げた武揚の労苦を称《たた》え、「帰国した折には盛大な祝賀会を開いてやろう」と、上機嫌で語ったという。

ロシアとの領土問題という最大の懸案を処理した武揚は、しばし西欧諸国の実情視察へ出掛けることとし、八月下旬、ペテルブルクを発《た》った。最初の訪問先はドイツのベルリン、当時は汽車で三十四時間も要した。しかし駅頭で出迎えてくれた懐かしい友人たちの顔を見ると、長旅の疲れも吹き飛んだ。

同地に滞在中、嬉しかったのは、かつて戊辰戦争の際、途中まで共に戦った輪王寺宮《りんのうじのみや》(のちの北白川宮能久親王《きたしらかわのみやよしひさ》)に再会したことだった。輪王寺宮はこの時、当地の陸軍大学校に留学中であった。二人は昔話に花を咲かせたことだろう。あるいは輪王寺宮の口から当時熱愛中だったドイツ貴族の未亡人ベルタとの「おのろけ話」が飛び出したかも知れない。

パリのホテルでは珍しい人物に出くわした。旧肥後熊本藩十代藩主細川斉護《ほそかわなりもり》の六男、長岡《ながおか》護美《もりよし》(幼名は良之助)である。彼は明治五年(一八七二)からアメリカ、イギリスに留学し、この時期はケンブリッジ大学で学んでいた。武揚は妻への手紙にこう記している。

「この人は以前有名の人にて随分見どころのある人なり。以前之《の》大名も今は独《ひと》りで西洋を旅するよふになりたるは時勢之変化、目出度事《めでたきこと》と謂《い》ふべし。亮之助子[良之助氏]と同冬中、是非ペテルブルグ江《へ》見物に独《ひとり》にて被参《まいらせ》候《そうろう》積《つもり》約束致候」

長岡は明治十二年（一八七九）に帰国、その後は外務省に入り、翌年オランダ特命全権公使に任じられ、ベルギー、デンマーク駐在公使も兼任した。これも「ツルの一声」人事である。

楽しみは食事

ここで武揚のペテルブルクでの日常生活について見てみよう。まず男ばかりの公使館暮らしで、食事はどうしていたのだろうか。せめて多津でもいれば、時には館員たちに手料理を振る舞ってあげることも出来たろうが、それも叶わぬことであった。

そこで武揚はロシア人の老婦人を賄《まかな》い料理人として雇い、作らせていた。もちろん彼女に和食を作った経験はなかったが、「料理も日本料理之方宜敷候《よろしくそうろう》間《あいだ》料理人へ申付け、毎日別に日本料理をこしらへさせ申候」とあるように、どうやら公使館員たちがあれこれ口をはさみながら、彼女に日本食らしきものを作らせていたようである。

武揚の宅状には食べものについて触れているものも多い。

「二三日前、蕎麦《そば》を打って食べたところ、実においしかった。自分はもともと西洋料理を好まないので、当地にもし天麩羅《てんぷら》屋や蕎麦屋があったならば、一度に四、五両を払ってでも、たびたび食べに行くことだろう」

「昼は毎日、日本飯を作らせて食べている。カツブシ、ミリン、ショウユなどは、先日渡《わた》辺《なべ》氏から送ってもらった」

「きょうはテンプラ蕎麦をこしらえさせて食べたところ、大いに美味だった。ネギの芥子《からし》和えとキュウリもみで一盃《いっぱい》やらかして、日本の納涼のことを思い出した」

「只今大岡にテンプラを揚げさせて晩飯を食べ終わったところ。送ってもらった烹鰹［煮たカツオか。詳細は不明］があるので飯が進む」

やはり江戸っ子の武揚には蕎麦や天麩羅が恋しかったとみえる。ここに渡辺氏とあるのは、当時在オーストリア日本公使館の臨時代理公使だった渡辺洪基のことで、調味料などが不足した際には、近隣国の公使館から融通《ゆうずう》してもらっていたことがうかがえる。当時日本からペテルブルクへは、直行する船便がないため、日本の食材が底を尽くこともしばしばあったのだろう。

武揚はロシア赴任に際して姉のらくから過度の飲酒によって失敗することがあってはならぬと、厳しく戒《いまし》められていたようで、「身分を心得て、酒に酔うことなどありませんので、ご安心ください」と、手紙に書いている。

ロシア滞在中の楽しみは何であったか。姉から深酒の注意もあり、ウォッカに酔いしれるということもなく、たまに大岡を伴なって出掛ける小旅行か、公使館に買い入れたビリヤード台で館員相手に球を突くことぐらいだったろうか。

日本から送られて来た新聞で、歌舞伎俳優のバンヒコこと坂東彦三郎《ばんどうひこさぶろう》が死んだことを知り、残念がった武揚も、ロシアの芝居については「言葉が分からぬせいか全く面白くない」と切り捨てている。音楽についても同様である。またドストエフスキー、トルストイ、ツルゲーネフなどロシア文学を代表する作家が活躍した時代にもかかわらず、手紙の中には一切言及がない。

舞踏は苦手で、もっぱら横から見物

外交官にとって、もう一つの大事な任務は社交である。日頃の交際によって良好な信頼関係を醸成し、それが外交交渉の本番で生きてくるのはいつの時代も同じである。

皇帝から好感をもたれていた武揚のもとへは、当地の外交団と一緒に出席する定例の宮廷行事とは別にたびたび個別に招待の声が掛かり、親しく食事を共にし、言葉を交わす機会があった。また現地でとりわけ親しくしていたのは、来日経験もあるプチャーチンやポシエットら知日派の政治家や貴族で、先方の家をしばしば訪問するなど濃密な交流を重ねた。

榎本側でも、毎年天長節《てんちょうせつ》（十一月三日）をはじめ、年に何度か賓客を公使館に招き、パーティを催しており、宅状にも、「［天長節］同夜六時には当表各省の卿、大輔《たいふ》又は海陸将軍等十九人を招き盛《さかん》に公使館にて晩餐を共に致し候」とか、「三月十九日之夜には当国外務卿、海軍卿、工部卿など十数人相招きて饗応いたし候」という記述が散見される。

しかし招待者の数は多くなく、その顔ぶれも官界や軍関係など支配階級の限られた分野の人物に偏《かたよ》っていたようである。この国で諸問題を迅速に処理するには、キーマンさえがっちり押さえ込んでおけばよいとの判断によるものだったのだろうか。

たしかに武揚は在任中、各界の人々と進んで接触しようとした形跡はあまりない。当時ロシアでは官吏や地主ら支配階級に対する民衆の抵抗運動（ナロードニキ運動）が高まりを見せていたから、外交官として政府から疑念を抱かれぬよう民間人との接触を控えようとしていたのかも知れない。

ところで現地での晩餐会やパーティではは必ずダンスがつきものだが、ある日の宮殿で催された大舞踏会について、次のように妻の多津へ書き送っている。

「去る五日の夜には宮中の踊《おどり》にて各国公使等其外高貴の役人五、六百人、親王方の奥方より諸高官の娘達皆立派なる装《よそおい》にて打交《うちまじわ》り踊有之《これあり》、勿論かようなる席の踊は芝居の踊とは違いて、男女組合あちらこちらをヒヨコヒヨコとはねあるく抔《ばかり》するおどりにて、格別面白き事は無之《これなく》、まして手前はまるで踊をしらぬゆえ只《ただ》諸人と共に見物しながら話抔をするのみ……」

武揚はダンスが出来ず、もっぱら他人の踊りを見物するのみだった。この手紙の後段部分で、生真面目な武揚にしては珍しく笑わせるようなことを記している。それは舞踏会に集まった女性の容貌についてである。彼女らはいずれも「天女の如き美女」だったが、よく見ると、なかには「グルリダカノ、チョンボリ鼻なるおたふくも随分見へたり。しかしいづれも大《おお》めかしなれば、流石《さすが》に馬子《まご》にも衣装とやらで、醜き女子は見へざりけり」だったとしている。「グルリダカノ」や「チョンボリ鼻」といった誉め言葉とは思えない意味不明語は、どんな容貌をさしているのだろうか。

ちなみに武揚の帰国後しばらくしてから幕を開けた鹿鳴館時代に、榎本夫妻も仮装舞踏会に出席した記録があるという。

家族思いの手紙

武揚のロシアからの手紙の中で、心を打つのは留守宅を預かる妻多津への心配りとわが子に対する愛情の深さで、どの手紙にも家族を案じる言葉が添えられている。当時、ロシアから投函してから相手に届くまで二カ月ほどを要した。それらの手紙の一部を紹介する。

「手前はおまえ［多津］の事一日も思ひ出さぬ事はなく……」

まずは妻へペテルブルクより愛を込めてというものである。武揚は日本から送らせた妻の写真をもとにロシアの画家に等身大の油絵を描かせ、公使館内の執務室に飾っていた。

「只々《ただただ》御まえ［多津］とは、今迄《まで》六、七ヶ月一所に住みたる事無之《これなき》に付《つき》、とかくその事なつか敷「懐かしく」候、しかし二ヶ年か三ヶ年には帰国致すべきに付、子供の生長と月日のたつを御待可被成候《なさるべく》」（明治八年二月十四日付）

長い間、離れて暮らすことになってしまったことへの謝罪と、もう二、三年したらお前のもとへ帰るから、辛抱して待っていてほしいと慰めている。せめて自分がしてあげられるのは贈り物ぐらいということなのか、家族宛てに日本では入手出来にくいような物を見つけてせっせと送っている。妻へ時計や布地、指輪、ダイヤモンド、琥珀《こはく》の根掛け、息子の金八へは玩具、洋服、軍服か、三輪車など。

「当地ではもはや雪が四、五寸ばかり積《つも》りました。良い天気の日には、橇《そり》で駆け回っていますが、お前と金八を乗せてあるいたらさぞ喜ぶだろうと想像しています」（明治八年晩秋）

日本より一足早く雪が降った。雪の上でわが子を遊ばせてやりたいという親心はいつの時代も変わらない。

「金八の事毎日『ブリヨン』を用ひ候《そうろう》趣《おもむき》誠に宜敷事《よろしきこと》（中略）、兎角《とかく》ソツブ［スープ］又は肉類生卵等をたべさせ、菓子類はあまりやらぬ方よろしく候。外を歩く事何寄肝要《なによりかんよう》にて候、（中略）『アジヤ』地方に悪き疱瘡《ほうそう》流行する由、御まえと金八、御《お》きぬ［娘］の写真の到来を楽しみ待居候」（明治八年二月十四日付）

「ブリヨン」とはブイヨン、スープのことのようだ。幼な子の食生活から流行《はや》り病《やまい》への注意まで細かく指示。家族三人の写真の到着を首を長くして待っている様子。

「殊《こと》に過日《かじつ》の御文に金八事当正月の之日手前の写真に向ひて『おとふさまペテルブルグで御きげんよふ』と申候《もうしそうろう》様《よう》に相成候事、誠に子供の智恵づくこと早きと月日の早くたつに、今更ながら驚入《おどろきいり》候（中略）なにはともあれ、おわづらい［患い］無之様《これなきよう》、運動をよ

くなされ子供をおそだての事頼入候《たのみいり》」（明治八年三月十四日付）

子供の成長ぶりに目を細める武揚。多津も毎回、子供らの日々の動きを細かく書き送っていたようである。

シベリアを横断して帰国

ロシアに来て早二年が経過し、翌年には日本へ戻れるだろうと期待していたところ、明治十年（一八七七）が明けると早々、待望の帰国命令が届いた。武揚はかねてから心に決めていた計画をいよいよ実行に移せる時期が到来したと、ほくそ笑んだ。

ところが喜びも束の間、一転して帰国を延期せよとの指示が届く。国内では西南戦争が起こり、ロシアとトルコとの間で露土《ろと》戦争が勃発したからである。結局、帰国が実現するのは一年半先の明治十一年（一八七八）夏のことであった。

帰国に際して武揚が考えていたのは、シベリアを横断するというものだった。今の両国関係は落ち着いているものの、近い将来、干戈《かんか》を交《まじ》える日が来ないとも限らず、その日に備えてロシアの国土の大半を占めるシベリアの実情をつぶさに見て、調べておくことは軍人としても意味あることだと考えたのである。

通訳など日本人三名を伴ない、ペテルブルクを出発したのは七月二十六日、以降汽車、馬車、船を乗り継いで、約一万三千キロを六十六日間かけて踏破した。この旅について武揚は精密な『シベリア日記』を残している。

九月二十九日夕刻、一行が日本海に面する港町ウラジオストクへ到着すると、そこには盟友黒田が手配した迎えの船「箱館丸」が武揚らを待っていた。実は黒田は自《みずか》ら武揚を出迎えるためにわざわざウラジオストクまで来ていたが、武揚らの到着までまだしばらく日数を要することが分かったため、先に日本へ戻っていた。黒田の心遣《づか》いに武揚の感激はいかばかりだったか。

ウラジオストクから小樽に到着後、しばらく道内各地を回り、武揚が家族の待つ東京へ帰着したのは十月二十一日である。ロシアに滞在した期間は四年二カ月であった。

武揚の帰国を待ち望んでいたのは家族ばかりではなかった。明治政府も四十四歳という働き盛りの武揚に休む暇も与えず、次々と要職に起用するのだった。どんな立場に置かれても、期待を裏切らずにきっちりと職責を全うし、結果を残すのだから、武揚ほど頼りになる人物はいなかった。

次は北京《ペキン》へ

条約改正取調《とりしらべ》御用掛《ごようがかり》、外務大輔、議定官、海軍卿、宮内庁御用掛、皇居造営事務副総裁などを経て、武揚は再び特命全権公使として清国駐在を命じられ、明治十五年（一八八二）、九月に北京に赴任する。

この時も問題解決のために白羽の矢が立ったのである。それは隣国朝鮮で起こった親清派と親日派との対立から軍隊の反乱（壬午《じんご》事件）が起き、それに関連して清との関係修復を託されたのである。またまたエースの登場となったわけである。

北京へは家族を同伴したが、子供は次男の春之助だけを伴なった。激務の合間を縫ってわが子の近況を姉に伝える手紙。

「当表［当地］春之助事風［風邪］もひき申さず日々独りにて駆けまわり居り候。口は達者に候へ共《ども》悪口抔《など》教ゆる人これなく候間、言葉の数は餘《あま》り存じ申さず」

子煩悩《こぼんのう》ぶりは相変わらずだった。またこの手紙で多津がフランス語を学び始めたことを伝えている。

北京に来て一年ほど経った時、外務卿の井上馨から北京駐在を終えたら、次期駐英公使を打診されている。さすがに武揚も、目下《もっか》清国駐在公使在勤中であり、この話が洩《も》れれば、清国側に無用の疑念を抱かせかねないことや、妻が近日中に出産を控えていることなどを理由に断っている。まったくもって引く手あまたの武揚であった。

「おまけの人生」

清国在任中に再び朝鮮でクーデターが発生し、それに関連して清国軍と日本軍との間で戦火を交える事態となった。いわゆる甲申《こうしん》事変で、事態収拾のために伊藤博文が責任者として日本から派遣されてきたが、交渉は難航を極めた。その時、日頃の人間関係を生かして陰で奔走したのが武揚で、難産の末、天津《てんしん》条約締結にこぎつけ、決着をみる。

この時、伊藤はつくづく武揚を「使える男」と思ったのだろう。清国公使を免《めん》ぜられ、帰国すると、まもなく太政官制度が廃止となり、内閣制度が誕生した。初代総理大臣に就いた伊藤は武揚を逓信大臣に抜擢した。同内閣は総理を含め閣僚が十名で、彼らの出身藩をみると、薩摩と長州が各四名、これに土佐と幕臣が各一名である。武揚の実力はかつての仇敵《きゅうてき》である薩長陣営からも高く評価されていたことが分かる。その後の内閣でも武揚は請われて農商務大臣、文部大臣、外務大臣など主要閣僚を歴任する。

さらに官を辞すると、東京農業大学の前身である徳川育英会・育英黌《いくえいこう》農業科の創立、あるいは電気学会、殖民協会、工業化学会、日露協会など民間諸団体の設立に尽力し、それぞれ会長を務めるなど活躍の場は広範囲に及んだ。

明治を生きた旧幕臣の中でも榎本武揚ほど顕職を重ねた者は見当たらず、いや出身階層を問わず、近代日本にとって得難い逸材であったことは疑いない。もともと科学技術の分野に興味があった彼にとって、外交官は初めからめざしたわけでも、望んだわけでもない。たまたまその時期に余人をもって替え難いということで推挙されたに過ぎなかったが、その職責をみごとに果たしたところに彼の非凡さがあった。黒田に助けてもらったあとの「おまけの人生」を、国家国民のために捧げ通した仕事師と言ってよいだろう。

もっともこうした武揚の華々しい活躍に批判の声がなかったわけではない。その急先鋒が福沢諭吉である。諭吉は自らが主宰する新聞『時事新報』の明治三十四年（一九〇一）一月一日付けの紙面に「瘠我慢《やせがまん》の説」と題する一文を寄せ、勝海舟と榎本武揚の二人の幕臣の維新後の生き方をバッサリと切り捨てた。

この中で諭吉は武揚について、「敵国」の明治政府に仕えて高位高官にのぼったことを糾弾し、一日も早く隠棲すべしと忠告している。

「今なお晩《おそ》からず、断然世を遁《のが》れて維新以来の非を改め、以《もつ》て既得の功名を全《まつと》うせんことを祈るのみ。天下後世にその名を芳《ほう》にするも臭《しゅう》にするも、心事《しんじ》の決断如何《いかん》に在《あ》り、力《つと》めざるべからずなり」（『瘠我慢の説』）

諭吉はこれを武揚に送り、返事を求めたところ、彼は「昨今別《べつ》して「とりわけ」多忙に付き、いずれそのうち愚見申し述《の》ぶべく候」と、何も語らなかった。

最後に口直しとして艶話を一つ。子煩悩、愛妻家と言われた武揚にしても、「萬朝報」の記者に身辺を探られ、妾の存在を暴露されている。

「向嶋須崎町《むこうじますざき》の自邸に木村かく（三十）、松崎まさ（二十九）という二人の妾あり。いずれも夫人存生《ぞんじょう》の頃より、女中に来《きた》りしものなり」（黒岩涙香著『弊風一斑《へいふういっぱん》　蓄妾《ちくしょう》の実例』）

妻の多津は明治二十五年（一八九二）に四十一歳という若さで死去、武揚は同四十一年（一九〇八）に七十三歳で没した。妻に先立たれたあとの十六年間、新聞報道が事実なら、武揚は向島（現東京都墨田区）の自宅で、二人の女性たちと暮らしたということだろうか。

おわりに

いつの世も時代の変わり目には思わぬ珍現象が起こるものだ。チョンマゲを結い、帯刀《たいとう》し、攘夷を叫んでいた大名が、わずか十年余りののち、断髪、廃刀して大礼服に身を包み、一国を代表する外交使節として海外へ赴き、友好親善を語るというのも、まさに珍現象の一つと言ってよいだろう。

振り返れば、将軍を頂点とするサムライ社会が崩壊し、天皇中心の中央集権国家が誕生した明治初期、かつての支配階級であった大名たちは新たに創設された「華族」という社会の上層階級に組み入れられ、体制を支える補完的役割を担うことになった。

彼らは政治的権力こそ失ったが、社会的名声はそのまま残り、旧藩が保有していた経済基盤の多くを私有財産として継承し、それまでの俸禄《ほうろく》に代わって多額の金禄公債を受け取ったから、生活に困窮《こんきゅう》することもなく、新時代も初めから「勝ち組」でのスタートであった。

本書で紹介した鍋島、戸田、蜂須賀、岡部などの旧大名は廃藩置県で知藩事の職を解かれて自由の身になると、欧米への留学を志望して許され、数年から十年近くもの間、学術修業を続ける機会を得た。やがて外国語、新知識、国際感覚を身に付けて帰国すると、貴重な

「洋行帰り」として重用され、特命全権公使という当時数少ない花形ポストに抜擢された。本人の能力や努力があったにせよ、これもひとえに、彼らがかつて支配階級に属していたからこそ、恩典《おんてん》に浴することが出来たのである。

陸奥宗光と並び、明治を代表する外交官に小村壽太郎という人物がいる。安政二年（一八五五）、日向飫肥藩《ひゅうがおび》（現宮崎県）の下級武士の家に生まれた壽太郎は明治八年（一八七五）、文部省の第一回海外留学生としてアメリカのハーバード大学に派遣され、法律を学んで帰国。その後、司法省を経て、二十九歳の時、外務省に移る。彼が駐清代理公使などを経てアメリカ駐在特命全権公使となったのは四十三歳の時である。

切れ者との評価の高かった小村にしても外務省へ入省後、公使となるまで十四年の歳月を要しているのに比べると、鍋島、蜂須賀、岡部らは入省後、さほど間を置かずに公使やそれに準ずる立場で外国へ派遣されている。また洋行経験ゼロの浅野にしても、ある日、唐突《とうとつ》にイタリア駐在公使を打診されているし、戸田のオーストリア駐在公使にしても慌《あわ》ただしい発令であった。やはりそこには見えざる力が働いていたと言わざるを得ない。

それが井上馨、伊藤博文、黒田清隆ら時の権力者の「ツルの一声」によるものだったにせよ、蜂須賀、岡部、榎本らのように、期待に応えて結果を残したのであれば、批判されることはない。彼らは外交の経験こそなかったが、原敬が指摘した「外交官・領事官の職務は一種の技術と云うべきものして、素養なき者は到底その職に耐うるものにあらず」の通り、本人の資質が外交官という職業にみごとに合致したことに加え、人知れぬ努力を重ねたことで大きな実績を残した。それは大名、幕臣という出自とは関係なく、いつの世にもチャンスさえ与えれば、それにきちんと応えられる有能な人材がいたということを示している。

時を経た現在でも、外務省出身者以外から特命全権大使がしばしば誕生している。それを「外部からの飛び入り人事」と呼ぶかどうかは別として、平成二十八年（二〇一六）三月、時の岸田文雄《きしだふみお》外務大臣は衆議院外務委員会で、わが国の大使の数は百四十六名、このうち外務省プロパー組以外の大使は三十名で、その内訳は他省庁出身が二十名、民間等が十名であると答えている。

外部から任用される者が増えれば、当然のことながら、その分、外務省のプロパー組にとってポストが減る。某国あるいは某国際機関の大使ポストへの就任を密かに待ち望んでいた者にとって、それを外部の人間に横取りされるのだから、何とも口惜しいことであろう。

外務公務員法の第八条には、「大使及び公使の任免は、外務大臣の申出により、内閣が行い、天皇がこれを認証する」とある。つまり、時の外務大臣が省の内外を問わず適材と認めた人物を選んで内閣に諮《はか》り、承認されれば、それで決定する。必ずしも国家公務員試験の合格者でなくとも、それ相応の識見、経験、人格が評価されれば、大使への道は開けているということだ。

近年、外務省以外から大使に起用された人事で、物議を醸したケースが二件ある。その一つは平成二十二年（二〇一〇）、当時の民主党政権下で、中国大使に任用された大手商社伊藤忠商事の元社長、丹羽宇一郎《にわういちろう》のケースである。丹羽はかねてより中国政府と太いパイプを持つ財界人として知られ、時の岡田克也《おかだかつや》外相が、日中関係改善の切り札として就任を懇請し、送り込んだものである。

ところが就任して約二年後、東京都による尖閣諸島購入計画が浮上した際、丹羽大使は「計画が実行されれば、日中関係に極めて深刻な危機をもたらす」と発言し、日本国内で猛反発を受けた。当時を回顧して本人はこう語っている。

「[発言が」日本に伝わると、日本中から『媚中派』『親中派』『弱腰外交』という言葉で数多くの批判を受けた。『売国奴』という表現もあった。（中略）当時の外務大臣は私の発言を打ち消し、野党からは私の更迭を求める声があがった。私は『深刻な危機をもたらす』とは言ったが、『領土を譲れ』など論外だ」（『中国の大問題』）

丹羽の懸命な弁明にもかかわらず、批判はやまず、結局任命した政権側からも「不適格」との烙印《らくいん》を押され、自主退任という形で退官を余儀《よぎ》なくされた。

その後、国会では政府に対して一議員から「民間人等の特命全権大使等への任用に関する質問主意書」が提出され、民間人大使の任用のあり方について問題提起がなされた。おそらく丹羽の一件があったためとみられ、同議員はアメリカのように、大使候補者が議会の公聴会で、所信を述べ、議員から質問を受けたのち、任命の是非を決定するような方式が導入出来ないものかと、言いたかったようである。

もう一つのケースは外務省以外の他省庁を退官した元高級官僚の大使起用についてである。それは平成七年（一九九五）、自宅マンション前で、何者かに狙撃されて重傷を負った國《くに》松孝次《まつたかじ》前警察庁長官のスイス大使就任が報じられた時のことである。同氏は奇跡的に一命を取り留め、回復したあと退官、警察庁所管の特別民間法人の理事長へ天下ったあと、わずか一年半ほどでスイス大使に転出することになった。

この人事が公表されると、警察官僚のトップを退官して日も浅く、しかも病み上がりの人物をわざわざスイス大使に起用しなくとも、ほかに適任者がいるのではないかとか、明らかな慰労人事で、高級官僚経験者によるポストのたらい回しだなどという声が相次いだ。なかには赴任先が日本人に人気のあるスイスということもあり、「山紫水明《さんしすいめい》の地でのんびりリハビリか」などと、羨望《せんぼう》混じりに揶揄《やゆ》する声まで聞かれた。

当の國松は帰任後に著したエッセイ『スイス探訪』の中で、大使就任の経緯を次のように記している。

「警察庁長官を退官し、自動車安全運転センターの理事長をしていた私のところに、スイスの大使をやらないかという話が舞い込んできたのは、一九九九年の一月頃のことであった。寝耳に水の話で、『私につとまるのかいな』というのが、第一感であったが、歴代警察庁長官のなかには、すでにふたり、大使職をつとめた方がおられたし、私自身もかつてフランスの日本大使館の書記官として勤務していた経験があったので、それほど違和感のある話ではなかった。さっそく意を決し、この話をまとめるために尽力してくれた外務省や警察庁の友人達の好意に感謝しつつ、お引き受けする旨の回答をした」

本人の言葉通りだとすれば、自ら大使職を志願したわけでなく、周囲がお膳立てしてくれたということらしい。ともあれ警察官僚トップである警察庁長官にまで昇り詰めた國松に、晩年、スイス国特命全権大使という輝かしい官歴がもう一つ加わった。

もっとも元警察官僚が外交官に登用されるのは特段珍しいことではなく、國松の言うように先輩の長官経験者二人もベルギーとギリシャの大使をそれぞれ務めているし、そのほか同庁幹部の職にあった者たちもミャンマー、レバノン、スリランカ、ルクセンブルクなどの各大使に任用されている。このほか近年では、文部科学省の事務次官と会計検査院の事務総長を経験した者がそれぞれ欧州の大使に任じられている。

このように高級官僚を退官後、黙っていても、彼らのもとへ「おいしい話」が舞い込んでくるのは、藩主の座を降りた殿様たちのケースと変わりない。違うのは彼らがいずれも現在の国家公務員上級試験にパスした、いわゆるキャリア官僚で、外交官に転じることも可能な資格を有する者であったということである。ただし、それまでの官歴と派遣国とは必ずしもリンクしない。

外務省出身者以外から大使が誕生するのは必ずしも悪いことではない。外交官にとって友好親善と自国のＰＲにひたすら努めていればよかった時代はとうに去り、国際関係の複雑化に伴ない、高度化、専門化した外交案件への対応を求められる時代を迎えている。職業外交官といえども、オールマイティでないだけに、それまでの経験だけでは対処しかねる場面も増えていると聞く。

そういう意味で、今後は官民を問わず、他分野で多様な経験を積み、幅広い知識、豊かな人脈をもつ外交官がますます求められてくるであろう。ただし外交使節のトップたる大使を外部から起用する場合には、人事の透明性と必然性が不可欠であることは言うまでもない。誤ってもそのポストが「論功行賞」や「慰労」、「箔《はく》付け」などに利用されてはならない。

参考資料

『外務省の百年』外務省百年史編纂委員会編／原書房／1969
『外務省編　日本外交文書』総索引／日本図書センター／1992
『日本外交史辞典』日本外交史辞典編纂委員会編／山川出版社／1992
『外務省調書集　第一巻』明治期外交資料研究会編／クレス出版／1995
『外交官領事官制度』原敬著／警醒社／1899
『大使館国際関係史』木下郁夫著／社会評論社／2009
『日本国際交流史事典』日外アソシエーツ編・発行／2009
『明治外交官物語』犬塚孝明著／吉川弘文館／2009
『ニッポン青春外交官』犬塚孝明著／日本放送出版協会／2006
『幕末維新人物事典』歴史群像編集部編／学研パブリッシング／2010
『日本人名大事典』平凡社編・発行／1979
『日本近現代人名辞典』臼井勝美ほか編／吉川弘文館／2001
『日本女性人名辞典』芳賀登ほか監修／日本図書センター／1998
『藩史大事典』木村礎ほか編著／雄山閣出版／1990
『藩史総覧』児玉幸多ほか監修／新人物往来社／1977
『新編物語藩史第8巻』新人物往来社編・発行／1977

参考資料

『日本の名門200』中嶋繁雄著／立風書房／1994
『徳川300藩　最後の藩主人物事典』新人物往来社編・発行／1996
『江戸三百藩藩主列伝』／「歴史読本」編集部編／新人物往来社／2012
『江戸三〇〇藩　最後の藩主』八幡和郎著／光文社／2004
『幕末諸州最後の藩主たち』宮地佐一郎監修／人文社／1997
『江戸300藩　殿様その後』中山良昭著／朝日新聞社／2007
『最後の藩主285人』新人物往来社編・発行／2009
『殿様は「明治」をどう生きたのか』河合敦著／洋泉社／2014
「旧大名家の住宅事情」野村悦子執筆／「歴史読本」所収／新人物往来社編・発行／2004
『明治・大正を生きた女性逸話事典』中江克己著／第三文明社／2015
『カメラが撮らえた幕末三〇〇藩　藩主とお姫様』／「歴史読本」編集部編／KADOKAWA／2015
『横から見た華族物語』山口愛川著／一心社出版部／1932
『波瀾立志大臣』山口愛川著／内外出版協会／1928
『華族畫報』杉謙二編／吉川弘文館／2011
『華族総覧』千田稔著／講談社／2009
『華族——明治百年の側面史』金沢誠ほか編／北洋社／1978
『華族誕生——名誉と体面の明治』浅見雅男著／中央公論新社／1999
『華族たちの近代』浅見雅男著／中央公論新社／2007

『華族──近代日本貴族の虚像と実像』小田部雄次著／中央公論新社／2006
『華族家の女性たち』小田部雄次著／小学館／2007
『昭和新修華族家系大成』霞会館諸家資料調査委員会編／1984
『華族のすべてがわかる本　明治・大正・昭和』新人物往来社編・発行／2009
『華族社会の「家」戦略』森岡清美著／吉川弘文館／2002
『華族家庭録』橋本悟編／華族会館／1936
『日本財政論（租税篇）』阿部勇著／改造社／1933
『世外井上公伝』井上馨侯伝記編纂会編／原書房／1968
『青木周蔵自伝』坂根義久校注／平凡社／1970
『元老院日誌』大日方純夫ほか編／三一書房／1981
『元老院の研究』久保田哲著／慶應義塾大学出版会／2014
『太政官制・内閣制下の元老院』明治維新史学会編「明治維新の政治と権力所収／吉川弘文館／1992
『近代日本の海外留学史』石附実著／中央公論社／1992
『海を越えた日本人名事典』富田仁編／日外アソシエーツ／1985
『鹿鳴館　擬似西洋化の世界』富田仁著／白水社／1984
『鹿鳴館貴婦人考』近藤富枝著／講談社／1980
『エドの舞踏会』山田風太郎著／筑摩書房／1997
『江戸の舞踏会』ピエール・ロチ著／村上菊一郎訳／「明治という時代」所収／主婦の友社／1968

参考資料

『幻景の明治』前田愛著／岩波書店／２００６
『幕末維新の美女紅涙録』楠戸義昭・岩尾光代著／中央公論社／１９９７
『お姫様は「幕末・明治」をどう生きたのか』河合敦著／洋泉社／２０１６
『弊風一斑　蓄妾の実例』／黒岩涙香著／文化社／２００４
『夜の日本史』末國善己著／辰巳出版／２０１３
『明治日本体験記』グリフィス著／山下英一訳／平凡社／１９８４
『酔って候』司馬遼太郎著／文藝春秋／２００３
「鍋島家の服飾遺品　鍋島直大とその夫人」石井とめ子ほか執筆／「大妻女子大学紀要　第28号」所収／１９９２
『侯爵鍋島家と東京』公益財団法人鍋島報效会編・発行／２０１６
『ベルツの日記』トク・ベルツ編／菅沼竜太郎訳／岩波書店／１９７９
『三代の天皇と私』梨本伊都子著／講談社／１９７５
『浅野長勲自叙伝』手島益雄編／平野書房／１９３７
『浅野侯爵御講話速記録』大阪芸備会編・発刊／１９３６
『維新前夜』浅野長勲述／手島益雄編／東京芸備社／１９２１
『海外日録』浅野長勲著／不詳／１８８４
『昭和まで生きた　最後の大名　浅野長勲』江宮隆之著／グラフ社／２００８
『三田村鳶魚全集　第2巻』三田村鳶魚著／中央公論社／１９７５

『坤山公八十八年事蹟』小鷹狩元凱編／林保登発行／１９３２
「谷中・根津・千駄木」53号（１９９８年3月）・67号（２００1年10月）／谷根千工房
『渡邉洪基』瀧井一博著／ミネルヴァ書房／２０１６
『本郷の寺院』本郷仏教会寺院誌編纂委員会編／本郷仏教会発行／１９８４
『敬悼録』稟城会編・発行／１９３６
『クララの明治日記』クララ・ホイットニー著／一又民子訳／講談社／１９７６
「伯爵夫人戸田極子」山田賢二執筆／「西美濃わが街82号」所収／月刊西美濃わが街社／１９８４・３月号
『戸田氏共公』／戸田氏共公顕彰事業実行委員会編・発行／１９８８
『遠いうた』徳川元子著／文藝春秋／２００５
『花の妹　岸田俊子伝』西川祐子著／新潮社／１９８６
『明治初期の三女性　中島湘煙・若松賤子・清水紫琴』相馬黒光著／厚生閣／１９４０
『蜂須賀茂韶公　隠れたる功績』露木亀太郎編・発行／１９３７
『和譯蜂須賀家記』岡田鴨里・山田貢村著／阿波郷土会／１９４３
『最後の殿様　蜂須賀茂韶』徳島市立徳島城博物館編・発行／２０１６
『大名華族』蜂須賀年子著／三笠書房／１９５７
「蜂須賀斐のこと」小川裕久執筆／『新世紀男女共生社会へのメッセージ』所収
／男女共生ネットＴｏｋｕｓｈｉｍａ編・発行／２０１０
『寒月集』蜂須賀正韶編／綾部茂雄発行／１９２０

『日本婦人洋装史』中山千代著／吉川弘文館／１９８７
『評伝岡部長職：明治を生きた最後の藩主』小川原正道著／慶應義塾大学出版会／２００６
「明治初期における華族の海外留学」小川原正道執筆／「日欧比較文化研究」所収
／日欧比較文化研究会編・発行／２００４年10月
『岡部長職公の想い出』岡部氏岸和田入城三百五十周年記念出版委員会編・発行／１９８９
『岸和田藩の歴史』岸和田市立郷土資料館編・発行／１９９５
『ある侍従の回想記』岡部長章著／朝日ソノラマ／１９９０
「柳原前光」長井純市執筆／『近現代日本人物史料情報辞典』所収／吉川弘文館／２００４
「柳原前光と明治国家形成」長井純市執筆／福地惇・佐々木隆編『明治日本の政治家群像』所収
／吉川弘文館／１９９３
「日清修好条規締結交渉と柳原前光」／長井純市執筆／「日本歴史　第４７５号」日本歴史学会編
／吉川弘文館／１９８７
『尾崎三良自叙略伝　下巻』尾崎三良著／中央公論社／１９７７
『荊棘の実』柳原白蓮著／河出書房新社／２０１４
「いばら路を知りてささげし（４章）」井出孫六執筆／「婦人之友」所収／婦人之友社／２０１１年７月号
『榎本武揚』加茂儀一著／中央公論社／１９６０
『資料榎本武揚』加茂儀一編・解説／新人物往来社／１９６９
『榎本武揚』井黒弥太郎著／新人物往来社／１９７５

『榎本武揚伝』井黒弥太郎著／みやま書房／1968
『榎本武揚未公開書簡集』榎本隆充編／新人物往来社／2003
『黒田清隆』井黒弥太郎著／吉川弘文館／1977
『古文書にみる榎本武揚』合田一道著／藤原書店／2014
「榎本多津」榎本隆充執筆／「歴史読本」所収／新人物往来社／1999年9月号
『近代日本の万能人　榎本武揚』榎本隆充・高成田享編／藤原書店／2008
「初代ロシア駐在公使榎本武揚のロシア」／中村喜和執筆／『日露異色の群像30』所収／長塚英雄編／東洋書店／2014
『ロシアの木霊』中村喜和著／風行社／2006
『瘠我慢の説』福沢諭吉著／時事新報社／1901
『中国の大問題』丹羽宇一郎著／PHP研究所／2014
『スイス探訪』國松孝次著／角川書店／2003

熊田忠雄　くまだ・ただお

1948年、福島県生まれ。早稲田大学卒業後、1970年にニッポン放送入社。報道記者、報道部長、編成局長、取締役を経て、2005年に退社。以後、早い時期に世界各地へ飛び出した日本人の足跡や江戸・明治創業の老舗商店の屋号来歴、現在居住している東京・本郷の地域史などをテーマに執筆、講演活動を行なっている。著書に、『明治を作った密航者たち』（祥伝社新書）、『世界は球の如し——日本人世界一周物語』『拙者は食えん——サムライ洋食事始』『そこに日本人がいた！——海を渡ったご先祖様たち』『すごいぞ日本人！——続・海を渡ったご先祖様たち』（以上、新潮社）、『街を綴る　本郷界隈』（私家版）がある。

お殿様《とのさま》、外交官《がいこうかん》になる
——明治政府《めいじせいふ》のサプライズ人事《じんじ》

熊田忠雄《くまだただお》

2017年12月10日　初版第１刷発行

発行者……………辻 浩明
発行所……………祥伝社《しょうでんしゃ》
〒101-8701　東京都千代田区神田神保町3-3
電話　03(3265)2081(販売部)
電話　03(3265)2310(編集部)
電話　03(3265)3622(業務部)
ホームページ　http://www.shodensha.co.jp/

装丁者……………盛川和洋
印刷所……………萩原印刷
製本所……………ナショナル製本

Printed in Japan　ISBN978-4-396-11522-7　C0221

〈祥伝社新書〉
近代史

230
青年・渋沢栄一の欧州体験
「銀行」と「合本《がっぽん》主義」を学んだ若き日の旅を通して、巨人・渋沢誕生の秘密に迫る！
作家 泉 三郎

296
第十六代 徳川家達《いえさと》 その後の徳川家と近代日本
貴族院議長を30年間つとめた、知られざる「お殿様」の生涯
歴史民俗博物館教授 樋口雄彦《たけひこ》

448
東京大学第二工学部 なぜ、9年間で消えたのか
「戦犯学部」と呼ばれながらも、多くの経営者を輩出した〝幻の学部〟の実態
ノンフィクション作家 中野 明

455
明治を作った密航者たち
伊藤、井上などの長州ファイブ、五代らの薩摩スチューデント
熊田忠雄

472
帝国議会と日本人 なぜ、戦争を止められなかったのか
帝国議会議事録から歴史的事件・事象を抽出し、分析。戦前と戦後の奇妙な一致！
歴史研究家 小島英俊